QUE SAIS-JE ?

Karl Popper

JEAN BAUDOUIN
Professeur de Science politique à l'Université de Rennes

Deuxième édition corrigée

10e mille

ISBN 2 13 043136 4

Dépôt légal — 1re édition : 1989
2e édition : 1991, janvier

108, boulevard Saint-Germain, 75006 Paris

INTRODUCTION

Karl Raimund Popper est né à Vienne en 1902 dans une famille juive qui se convertira plus tard à la religion protestante et qui l'intéressera fort précocement aux disciplines et aux arts les plus divers. Après avoir été tenté un temps par une carrière musicale puis par un engagement plus militant aux côtés du puissant Parti social-démocrate autrichien, il entreprend des études universitaires tout en enseignant la physique et les mathématiques dans l'enseignement secondaire. Stimulé par la lecture des écrits des principaux membres du Cercle de Vienne, il commence à disserter sur les questions épistémologiques et publie une partie de ses réflexions en 1934 dans un ouvrage initialement intitulé *Logik der Forschung*. Cette première œuvre, qui contient les fondations essentielles de sa philosophie des sciences, lui assure une certaine notoriété parmi les cénacles confinés des milieux scientifiques viennois.

A partir de 1930, Popper est témoin de la dégradation de la situation politique et sociale en Allemagne, de la montée inexorable des mouvements extrémistes et des visées annexionnistes de l'Allemagne nationale-socialiste. Il décide d'émigrer en 1937 et s'installe alors à Christchurch en Nouvelle-Zélande où on lui offre un poste d'enseignant et où il vit jusqu'en 1945. Grâce à F. A. Von Hayek et à E. Gombrich, il parvient à réintégrer l'Europe et à rejoindre la prestigieuse « London School of Economics » de Londres où il est invité à enseigner la logique et la méthodologie scientifique. L'immersion n'est pas évidente et Popper éprouve au départ bien des difficultés à creuser son sillon au milieu des différentes variantes de la philosophie analytique jusqu'alors régnante en Angleterre. Il parvient cependant à imprimer sa marque et à influencer de façon durable toute une génération de philosophes britanniques. Il prend sa retraite en 1969 et vit depuis cette époque dans la banlieue de Londres.

La très grande notoriété acquise par les travaux de Karl Popper parmi les pays anglo-saxons et les pays de langue allemande contraste avec l'exceptionnelle indifférence que les milieux intellectuels français ont toujours manifesté à l'égard de sa pensée, même si, depuis une dizaine d'années un effort notable a été fait pour faire connaître ses idées. Il semble que trois sortes de facteurs se soient conjugués pour retarder la publication en France d'une œuvre pourtant considérable.

- Le principal obstacle a été, incontestablement, d'ordre temporel. Le décalage est spectaculaire entre le moment où ont été écrites les œuvres de K. Popper et le moment où elles ont été diffusées en France. *La logique de la découverte scientifique* qui forme la partie centrale et en quelque sorte fondatrice de sa réflexion épistémologique a été traduite en français quarante ans seulement après l'édition originale en langue allemande et plus de vingt ans après l'édition anglaise. *La société ouverte et ses ennemis*, le seul grand ouvrage de philosophie politique écrit par Popper en 1942, n'a été édité en France qu'en 1979 ! Si l'on ajoute à cela qu'une partie importante de son œuvre n'a pas encore été traduite en français et que celle qui a eu la « chance » de l'être l'a été de manière particulièrement assassine, on mesure mieux la difficulté qu'il y a en France à se saisir d'une pensée tout à la fois riche et complexe.

- Le second obstacle est d'ordre disciplinaire. Karl Popper figure, au premier chef, ces « esprits migrateurs »[1] qui, à partir d'une méditation fondamentale sur les logiques de la recherche scientifique, essaiment volontiers vers des territoires aussi divers que la philosophie politique, l'économie politique, la sociologie ou encore l'anthropologie et la biologie. Or, il n'était pas facile à une pensée aussi délibérément éclectique d'affronter les raideurs et les fragmentations de notre champ académique. Les cercles dominants de la philosophie mais aussi de l'épistémologie manifesteront à l'égard de l'œuvre de Popper une indifférence royale et il faudra attendre les écrits de Renée Bouveresse, d'Alain Boyer ou de Jean Largeault pour que le voile se lève un peu. Et ce n'est que fort tardivement que les historiens des idées daigneront s'attarder quelques instants sur cette variété insolite de libéralisme. Si l'on ajoute à cela que Popper s'est toujours fait une haute exigence personnelle de la simplicité et de la clarté d'une argumentation et n'a jamais, en revanche, épargné ceux qui, de son avis, se complaisent dans le « culte de l'incompréhensible » ou encore dans l' « opacité brillante et impressionnante », on appréciera mieux, là encore, les indifférences et les condescendances de certaines confréries intellectuelles.

• Le troisième obstacle est plus ponctuel et tient aux conditions quelque peu ambiguës qui ont présidé à l'introduction récente en France des idées de Karl Popper. Le succès (relatif) dont elles bénéficient actuellement n'est pas, en effet, sans susciter certaines méprises.

D'une part, la réception a été facilitée par le délitement spectaculaire des idéologies de caractère totaliste depuis une quinzaine d'années. Et il est vrai que l'épistémologie poppérienne en soulignant l'inévi-

1. Selon l'excellente formule de Marie-Hélène Bernard-Douchez, Karl Popper ou le libéralisme scientifique, *Annales de l'Université des Sciences sociales de Toulouse*, 1983.

table précarité des constructions intellectuelles ne pouvait que croiser la vague de scepticisme qui suit inévitablement la déroute des vulgates. Pourtant, Popper a toujours mis un soin vétilleux à distinguer son « faillibilisme » du scepticisme et à rappeler que l'homme de science doit passionnément rechercher la vérité, même si celle-ci est toujours approximative et révocable.

Surtout, la diffusion en France de la pensée poppérienne a coïncidé assez fidèlement avec le renouveau impétueux des idées libérales en France au point que certains exégètes n'ont pas hésité à convoquer le criticisme poppérien pour le placer au principe même du ressourcement libéral. Or, là encore, l'assimilation semble hâtive et suscite une double réserve. La première est d'ordre chronologique : la renaissance libérale en Occident correspond à un quasi-retrait de la réflexion poppérienne à l'endroit du Politique, on peut donc à la rigueur présumer une sympathie, certainement pas une allégeance. La seconde est plus dirimante : totalement adossée au « rationalisme critique » et au principe de réfutation, la démarche intellectuelle de Sir Karl se dérobe par nature à toute espèce de captation ou d'étiquetage.

Présenté naguère comme un dévôt de la social-démocratie, aujourd'hui comme un croisé du libéralisme, demain peut-être comme un précurseur de la soft idéologie, Popper est avant tout un épistémologue et un philosophe dont la réflexion proprement politique ne saurait certainement pas être corsetée. Il importe, à cet égard, de reconstruire les principales étapes à travers lesquelles la pensée de Karl Popper s'est tout à la fois nouée et enrichie afin de la dissocier clairement des modes saisonnières et des récupérations abusives.

I. — La révélation de l'automne 1919

La confrontation entre la pensée marxiste et la « révolution einsteinienne » a constitué, historiquement, le principal excitateur de la formation intellectuelle du jeune Popper.

Le marxisme s'est révélé, beaucoup plus que la psychanalyse, le creuset fondateur du « faillibilisme poppérien ». En récusant un compagnonnage il est vrai fort bref avec la doctrine de Marx, Popper fait deux découvertes complémentaires qui marqueront de manière indélébile sa propre pensée :

- D'une part, il découvre l'aisance avec laquelle une théorie globale du monde réussit à solliciter les faits pour démontrer la justesse de ses assertions et parvient ainsi à clôturer la pensée, à fixer définitivement les frontières du « pensable » et de « l'impensable ».
- Dans le même temps, il éprouve la facilité avec laquelle l'individu est capable d'accepter un système clos, de succomber à la tentation totalitaire ; au fond, Popper ne s'est jamais vraiment pardonné d'avoir agréé, sur un mode absolument a-critique et fût-ce l'espace de quelques mois, à une croyance dogmatique et sectaire.

La démarche d'Einstein est inverse de celle de Marx. D'une part, elle n'accepte que sous bénéfice d'inventaire les théories antérieures y compris celles qui, comme la théorie newtonienne de la gravitation universelle, semblent représenter un niveau inégalé d'intelligibilité du monde réel. Surtout, elle consent d'emblée à ce que ses propres hypothèses soient soumises à l'épreuve de l'expérience et prévient qu'il suffira d'une seule observation négative pour en contrarier l'énoncé : « La pensée d'Einstein, écrit Popper dans *La quête inachevée*, allait avoir une influence prédominante sur ma propre pensée, à long terme peut-être la plus importante des influences. »

L'examen comparatif de la pensée marxiste et de la méthode einsteinienne conduit le jeune Popper, il n'a alors que dix-sept ans, à esquisser deux interrogations qui meubleront sa pensée de façon de plus en plus envahissante :

• Il lui enseigne, tout d'abord, l'irremplaçable valeur de l'infirmation ou encore de la « réfutation ». Au fond, le marxisme est capable de mobiliser à son profit des milliers de faits et pourtant la plupart de ses propositions sont erronées. Einstein n'aura besoin que d'une expérience pour infirmer la théorie newtonienne de la matière et, pourtant, cela suffit à démontrer sa fausseté, à tout le moins son inopérance. Une seule réfutation présente plus d'importance pour le progrès de la connaissance qu'une multitude de confirmations.

• Il lui apprend, en même temps, le rôle majeur joué par la critique dans l'éclosion de la pensée scientifique. Le XXe siècle est à nouveau le théâtre d'un affrontement majeur dont les termes sont fort anciens : d'un côté, des systèmes « clos » qui, à l'image du marxisme ou de la psychanalyse, construisent une interprétation définitive du monde et inventent des « stratagèmes » pour se dérober à la critique d'autrui ; de l'autre, des systèmes « ouverts » qui, à l'exemple d'Einstein, n'hésitent pas à risquer leurs prédicats à l'épreuve des faits et acceptent à l'avance la concurrence d'autres théories explicatives.

Il faudra attendre, cependant, *La logique de la découverte scientifique* pour que cette antinomie accède à une dignité supérieure et que soit, en particulier, énoncé le grand principe de « réfutation » ou encore de « falsifiabilité » qui permet, selon Popper, d'opérer une « démarcation » décisive entre la science et la non-science. On peut dire, dès lors, de l'œuvre de Karl Popper, qu'elle n'est qu'une vaste dissertation autour des thèmes centraux développés dans la *LDS* et dont il eut le pressentiment dès l'automne 1919.

II. — L'enrichissement de l'explication

La *LDS* représente plus un commencement qu'une fin. Solidement adossé au « falsificationnisme », l'épistémologie poppérienne ne cesse à partir de cette date de s'enrichir d'éléments extérieurs qui tendent à fortifier les positions initiales lorsqu'elles ne les étendent pas à de nouveaux terrains. Elle illustre parfaitement, à cet égard, la conception vivante et créatrice de la connaissance qui a été celle de Sir Karl, véritable « révolution permanente », où les hypothèses se modifient sans cesse au gré de conjectures audacieuses elles-mêmes toujours recommencées.

1. **Tarski et le problème de la vérité.** — Ce problème est sans conteste le premier obstacle qu'affronte la réflexion de K. Popper. Certes, à la fin de la *LDS*, il affirmait qu'il tenait « la quête de vérité » pour « le motif encore le plus puissant de la découverte scientifique ». Cependant, le privilège accordé au critère de réfutation conjugué à l'affirmation selon laquelle les théories apparemment les plus performantes ne sont, en réalité, que des hypothèses précaires et périssables paraissaient détruire l'exigence antérieure et faisaient soupçonner l'auteur de la *LDS* de vouloir régler par de simples artifices de méthode le problème de la vérité.

De ce point de vue, la rencontre, à partir de 1934, de la personne et de l'œuvre de Tarski, mathématicien, linguiste et philosophe, sympathisant par ailleurs du Cercle de Vienne, donne un nouvel élan à la spéculation poppérienne. Celle-ci emprunte, en effet, à Tarski l'idée au demeurant complexe de « vérité-correspondance » selon laquelle un énoncé peut être tenu pour vrai « dès lors et seulement » s'il correspond à certains faits. La sémantique tarskienne permet ainsi à Popper de restaurer le problème de la vérité dans ses droits sans disqualifier pour autant le principe « faillibiliste » puisqu'il ne s'agit nullement ici de proclamer un critère général de la vérité mais seulement d'établir les conditions auxquelles une proposition verbalisée peut correspondre à un fait ou à un ensemble de faits. Karl Popper dira plus tard de sa rencontre avec Tarski qu'elle a été « un don du ciel », il ajoutera dans son autobiographie : « De Tarski je crois que j'ai appris plus que de personne d'autre. »[2]

2. **Darwin et le problème de l'évolution.** — Si l'assimilation de la sémantique tarskienne a permis à Popper de dissiper une équivoque, la lecture de Konrad Lorenz et de Darwin est venue jeter un éclairage réellement novateur sur le rationalisme critique en articulant la description de l'activité de connaissance à des processus de type biologique. De ce point de vue, la référence à la théorie darwinienne paraît la plus féconde, colorant le criticisme poppérien d'une dimension évolutionniste qui n'apparaissait dans la *LDS* que de manière fort évanescente et qui accompagnera désormais en permanence la réflexion de Popper. La procédure dite d'essais et d'erreur *(trial and error)* qui est, selon Popper, au principe même de la découverte scientifique ne fait que reproduire au plan de la connaissance les procédures d'adaptation, de survie et de disparition qui gouvernent l'évolution des espèces vivantes. Selon Popper, tests et expériences permettent d'éliminer l'erreur et par conséquent de sélectionner les théories aussi sûrement que la nature se charge d'éliminer les espèces incapables de survivre aux mutations de leur environnement. L'épistémologie poppérienne se dote ainsi d'une assise biologique fort précieuse qui la dispense notamment de recourir à des expli-

2. *La quête inachevée*, éd. Calmann-Lévy, p. 127.

cations de type téléologique pour rendre compte de l'apparente harmonie de l'univers.

3. **Menger et le problème des sciences sociales.** — L'extension du « rationalisme critique » vers les sciences sociales s'est faite plus tardivement. Elle emprunte, au départ, une forme protestataire qui transparaît notamment dans *Misère de l'historicisme*, ouvrage dont le destin a été de manière un peu abusive associé à *La société ouverte et ses ennemis,* alors qu'il prolonge la recherche entreprise dans la *LDS*. Popper y réaffirme avec une solennité particulière l'unité méthodologique des « sciences de la nature » et des « sciences de la société ». Mais Popper s'intéressera également aux sciences sociales de façon positive lorsque, sous le vocable « d'analyse situationnelle » ou encore de « méthode zéro », il tente de leur appliquer le principe de compréhension rationnelle développée notamment par Carl Menger et l'école marginaliste autrichienne pour rendre intelligibles les comportements des acteurs économiques. K. Popper apparaît rétrospectivement comme l'un des précurseurs de l' « individualisme méthodologique » que des sociologues contemporains comme Raymond Boudon ou Mancur Olson considèrent comme le paradigme le plus fécond dont disposeraient aujourd'hui les sociologues.

Au sortir de la seconde guerre mondiale, alors qu'il professe désormais à la London School of Economics, la pensée de Karl Popper s'est singulièrement épaissie par rapport à ses premières intuitions. Appuyée à une épistémologie « criticiste », confortée dans ses assises philosophiques et biologiques, étendant peu à peu sa juridiction à des terrains nouveaux, elle commence à figurer à son tour comme l'esquisse d'une théorie générale. Il ne lui restait plus qu'à se hisser à la hauteur d'une cosmologie.

III. — L'édification d'une cosmologie

« Je crois personnellement qu'il y a au moins un problème philosophique qui intéresse tous les hommes qui pensent. C'est le problème de la cosmologie : le problème de comprendre le monde, nous-mêmes, et notre connaissance en tant qu'elle fait partie du monde. Pour moi l'intérêt de la philosophie aussi bien que celui de la science résident uniquement dans leurs contributions à l'étude du monde »[3]. Là encore, l'inclinaison vers l'explication cosmique, si prépondérante dans l'œuvre de Popper à partir de 1950, ne représente nullement une rupture mais, au contraire, un épanouissement logique de l'interrogation antérieure. Il est d'ailleurs révélateur que la métaphysique poppérienne soit pour l'essentiel condensée dans trois ouvrages — *Realism and the aim of the science, The open universe, an argument for indéterminism, Quantum theory and the schism in Physics* — qui ont été rédigés entre 1951 et 1956 et que l'auteur rassemblera alors, non sans ironie, dans un *Postcript de la Logique de la découverte scientifique*[4]. Cette trilogie que J. Dumoncel tient « pour l'un des grands traités de métaphysique du XXe siècle » était donc volontairement inscrite dans le sillage immédiat de sa plus grande œuvre épistémologique. De cette quasi-ontologie on ne retiendra que trois thèmes fondamentaux : la fonction objectivante du langage, la théorie dite des « Trois Mondes », la vision indéterministe de l'univers.

1. **La fonction « argumentative » du langage.** — Parmi les hommes qui ont exercé une influence prépondérante sur la formation du discours poppérien, Karl Buhler occupe une place de choix. Popper

3. *La logique de la découverte scientifique*, préface à l'édition anglaise, *op. cit.*, p. 12.
4. J. Dumoncel, L'effet Popper, *Critique*, 12, 1984.

fera sa connaissance en 1925 alors qu'il suivait, sans passion excessive, les cours de l'Institut pédagogique de Vienne. K. Buhler était alors professeur de psychologie et s'était acquis une certaine notoriété en formulant une théorie « tripartite » du langage. Selon lui, en effet, il convenait de distinguer dans le langage trois fonctions : la fonction expressive, la fonction phatique, la fonction descriptive ; les deux premières étant communes aux langages humains et animaux, alors que la troisième caractérisait le seul langage humain. Popper, lui, ajoute une quatrième fonction à la classification ternaire de Buhler, la fonction « argumentative ». Il ne manque pas seulement au langage animal la capacité de décrire la réalité, il lui manque également la capacité d'argumenter, c'est-à-dire de justifier la préférence donnée à un énoncé au détriment d'un autre. Surtout Popper intègre l'acquis linguistique à sa théorie évolutionniste en associant l'émergence du procès de connaissance au développement progressif dans le cerveau humain des fonctions descriptive et argumentative. C'est par l'intermédiaire du langage que la « connaissance subjective » devient aussi « connaissance objective », frayant ainsi la voie au « Troisième Monde » des Idées et des Théories.

2. **La théorie des « Trois Mondes ».** — Le Monde 1 est « le monde de la physique, des pierres, des arbres, de la chimie et de la biologie ».

Le Monde 2 est « le monde des sentiments, de la crainte et de l'espoir, des dispositions à agir et de toutes sortes d'expériences subjectives ».

Le Monde 3 est « le monde de l'esprit humain, les pensées et les théories mais aussi les œuvres d'art, les valeurs éthiques, les institutions sociales ».

L'ordre d'énonciation est aussi un ordre de succession. Selon Popper, tout laisse supposer que le monde physique a préexisté aux premières sensations animales et que le monde 3 ne commence qu'avec l'évolution d'un langage spécifiquement humain. Popper distingue soigneusement le fait de penser et les contenus de la pensée tels que le langage permet de les objectiver. Les premiers appartiennent au monde 2, seuls les seconds appartiennent au monde 3. On touche là l'une des grandes idées de Karl Popper. L'homme est l'artisan de productions intellectuelles qui, tels ses propres enfants à partir d'un certain âge, tendent à se détacher de lui et à rejoindre un univers autonome animé d'une vie propre. Ce monde 3 ne ressemble qu'en apparence au monde platonicien des Formes ou au monde hégélien des Idées. Certes, il transcende l'activité cognitive de chaque individu pris isolément, mais il ne l'imprime pas de façon indélébile. L'homme garde, en effet, cette faculté merveilleuse de pouvoir critiquer et éventuellement modifier les théories constitutives du monde 3.

3. **Les « horloges » et les « nuages ».** — Sir Karl utilise cette métaphore pour exprimer sa conception indéterministe de l'univers. Les « horloges » désignent, en principe, des systèmes physiques clos, réguliers, régis par un déterminisme absolu. Les « nuages » représentent, au contraire, des ensembles de particules désordonnés où prédomine l'incertitude. Inversant la tradition newtonienne selon laquelle tous les « nuages » étaient potentiellement des « horloges », Popper estime, au contraire, que les « horloges » sont plus ou moins des nuages et que les êtres vivants procèdent d'une interaction entre une structure stable et une constellation de mouvements aléatoires. Plus fondamentalement, la tension est perpétuelle entre l'homme qui par le truchement de ses théories tente de comprendre toujours plus finement le monde qui l'entoure et ce monde complexe et volatile qui continue de déjouer les

anticipations les plus savantes. Ici, la cosmologie rejoint l'éthique. C'est parce que notre connaissance est « faillible » que le monde reste ouvert. Et c'est parce que le monde demeure fondamentalement infini que l'homme garde la possibilité de décider librement. Il y a, au fond, un côté sartrien chez Popper. Les hommes font leur propre histoire mais ils ne savent pas l'histoire qu'ils font. La liberté de l'homme et l'indétermination de l'univers sont au fondement de l'ontologie poppérienne.

PREMIÈRE PARTIE

LA FAMILIARITÉ NATURELLE DE LA SCIENCE ET DU LIBÉRALISME

La préférence émise d'emblée par Karl Popper à l'endroit du libéralisme démocratique est, en partie, circonstancielle. Elle dérive du dégoût presque immédiat que devaient lui inspirer, d'une part, le succès des philosophies totalistes et historicistes dans l'ordre de la pensée, d'autre part, la montée en puissance des Etats totalitaires ou autoritaires dans les sociétés européennes de l'entre-deux-guerres. Cette double expérience le vaccinera à jamais contre les tentations de la société close.

Ce serait néanmoins considérablement appauvrir le libéralisme poppérien que le ramener à un choix purement conjoncturel. Il est, au premier chef, le produit d'une réflexion considérable sur les conditions de production et de fonctionnement des discours scientifiques. La démarche suivie par Karl Popper impressionne moins par les conclusions éthiques et politiques auxquelles elle aboutit et qui ne constituent pas nécessairement des novations bouleversantes, que par les détours méthodologiques qu'elle emprunte. La conviction libérale puise moins ici dans une émotion que dans une certaine idée de la science. Il existe, selon Popper, une homologie fondatrice entre l'activité scientifique et la pratique libérale. L'une et l'autre procèdent d'une éthique commune, recourent aux mêmes méthodes et impliquent des institutions comparables. Là git le socle de sa pensée. On comprend mieux, dès lors, son cheminement intellectuel. A l'exception de Platon, Hegel et Marx avec lesquels il entretient un commerce régulier et courroucé, ses emprunts déclarés à la philosophie politique sont pratiquement inexistants. En revanche, les controverses de nature épistémologique jalonnent de manière luxuriante toute son œuvre.

L'idée d'une familiarité génétique, méthodologique et éthique, permettant d'apparier durablement la science au libéralisme est au fondement du « rationalisme critique » de Karl Popper.

CHAPITRE PREMIER

LE SOCLE GÉNÉTIQUE DU RATIONALISME CRITIQUE

L'exceptionnelle gratitude manifestée par Popper tout au long de son œuvre à l'endroit de la Grèce antique est dans la logique d'une quête opiniâtre qui place la « raison critique » au fondement de la connaissance humaine. Selon lui, en effet, « la Grèce est à l'origine d'une révolution fondamentale qui, selon toute vraisemblance, en est encore à ses débuts »[1]. En adoptant une attitude interrogative à l'égard des mythes ancestraux, la Grèce de Socrate et de Périclès a frayé la voie à une « tradition critique », sorte d'humus originel où s'entent ensemble la démarche scientifique et la philosophie libérale.

On comprend mieux dès lors l'aisance avec laquelle Popper enjambe les siècles pour dialoguer avec Hésiode, Anaximandre ou Démocrite ou pour dire de Platon « qu'il demeure l'un de nos contemporains ». Il estime, en effet, que depuis l'invention de la pensée critique par les Grecs l'humanité écrit une nouvelle page de son histoire dont rien ne laisse entrevoir la fin. L'odyssée ouverte par la philosophie pré-socratique est encore la nôtre au-delà des innombrables vicissitudes qui ont pu apparaître en chemin. Il convient, cependant, d'examiner de plus près

1. *La société ouverte*, t. I, p. 143.

cette généalogie de la pensée critique à laquelle nous convie Popper qui procède davantage d'une interprétation personnelle que d'une reconstruction méthodique.

It's a fact, aime à répéter Popper. Selon lui, il est vain de produire une explication causale de la naissance du rationalisme moderne, autrement dit d'inférer « ce phénomène unique » d'un enchaînement clairement discernable de faits et de causes. On ne peut que constater le miracle grec et s'en réjouir, il constitue « un de ces faits inexpliqués qui se situe à l'aube de notre civilisation ». A défaut de fonder rationnellement le départ de la « société ouverte », il demeure possible d'identifier un ensemble de faits d'ordre historique, humain, culturel, qui sans présenter entre eux d'irrésistibles connexions, ont contribué de façon plus ou moins imprévue à l'émergence du rationalisme critique.

I. — La décomposition de la « société tribale »

Toute la vision poppérienne de l'histoire s'articule autour du couple « société close - société ouverte », les Grecs étant précisément « les premiers à avoir franchi le pas séparant le tribalisme de l'humanisme »[2].

Les notions de « société close » ou encore « tribale » et de « société ouverte » ne doivent pas être comprises comme des entités historiques concrètement identifiables, mais comme des idéaux-types au sens weberien, c'est-à-dire comme des reconstructions partiellement utopiques de la réalité historique extrapolées à partir des éléments jugés les plus typiques de cette réalité. La notion de « société close »,

2. *La société ouverte*, p. 141.

empruntée à Bergson mais dans un sens différent, permet à Popper de désigner la structure dominante des premières cités grecques. Celles-ci ressemblent étrangement aux sociétés « traditionnelles » étudiées par l'ethnologie ou l'anthropologie. Il s'agit de petites communautés tribales rassemblées autour d'un chef, unifiées par des croyances et des rituels uniformes, se reproduisant en quelque sorte à l'identique. Surtout, ces sociétés sont incapables de distinguer les phénomènes naturels des conventions sociales, les uns et les autres étant également rapportés à des croyances magiques et surnaturelles.

Or, cette « société organique » s'est peu à peu délitée. N'hésitant pas à « historiciser » sa démonstration, Popper discerne à l'origine de cette « désagrégation de la société close » la combinaison plus ou moins fortuite de deux processus de caractère objectif. Le premier facteur est d'ordre démographique et affecte durement la stabilité des classes dirigeantes traditionnelles. L'accroissement soudain de la population en augmentant les prétentions individuelles et en déstabilisant les propriétés acquises crée des clivages inédits au sein de groupes dominants qui avaient su jusqu'alors préserver leur cohésion interne. A cet égard, Popper reconnaît à Platon une grande lucidité sociologique. Il a parfaitement senti que l'émiettement des élites traditionnelles avait contribué à la dégénérescence du tribalisme. Le facteur décisif est, cependant, d'ordre commercial : « La cause principale de la chute de la société close, note Popper, doit être recherchée dans le développement du commerce et des communications maritimes »[3]. En multipliant les échanges entre les cités, en ouvrant la Grèce à des cultures extérieures, en accélérant la stratification sociale, le commerce et la mer ont précipité le déclin du tribalisme.

3. *La société ouverte*, p. 145.

II. — L'apparition de la « grande génération »

L'historisme poppérien n'excède pas certaines limites ! S'il sollicite certaines données objectives de la société grecque, il n'en fait nullement les « causes » directes ou médiates du criticisme grec. Il n'y a donc nulle automaticité, là encore, entre la survenance de plusieurs bouleversements économiques et sociaux et l'émergence d'une génération d'hommes nouveaux, celle qu'il nomme « la grande génération » et qui « marque, selon lui, un tournant dans l'histoire de l'humanité ».

Qui sont ces hommes d'exception ? Tous ne sont pas nécessairement acquis à la démocratie, certains même comme Sophocle et Thucydide ne cachent pas leur conservatisme politique. Beaucoup d'entre eux sont avant tout des philosophes et des savants, comme Aristophane, Hérodote, Démocrite, Protagoras. Certains, comme Périclès, personnifient l'idéal athénien de la démocratie. « La principale contribution à la foi nouvelle est due cependant à Socrate qui donna sa vie pour elle »[4]. Popper porte à Socrate une admiration considérable. Il le tient pour le porte-parole le plus talentueux et le plus loyal de la « société ouverte ». Nous lui sommes redevables d'avoir formulé le premier les principes directeurs du « rationalisme critique » :

- La seule chose que nous savons c'est que « nous ne savons pas », il n'existe pas de savoir infaillible, l'idéal d'une connaissance sûre, d'une épistémé est hors de portée de notre intellect.
- En revanche, nous sommes capables de repérer nos erreurs ; Socrate ne « sait pas » mais par le détour de la logique il est capable d'entrevoir la faille dans une argumentation.

4. *La société ouverte*, p. 155.

• Enfin, Socrate avertit les hommes qu'ils ont charge de décider librement, qu'ils sont tenus personnellement responsables de leurs actes et de leurs choix et qu'ils doivent les assumer jusqu'au bout ; de là, peut-être, cette « définition » à laquelle se risque Popper : « J'appelle société close la société magique ou tribale et société ouverte celle où les individus sont confrontés à des décisions personnelles »[5].

III. — La constitution d'une tradition

« L'histoire des débuts de la philosophie grecque de Thalès à Platon est réellement admirable, quel est le mot de l'énigme ? Il réside selon moi dans l'existence d'une tradition : la tradition de la discussion critique. » Il semble, en effet, que le moment crucial et dans une certaine mesure « fondateur » soit antérieur à Socrate et se noue dans le cercle restreint des penseurs présocratiques. Telle est, en tout cas, l'hypothèse défendue par Popper à l'occasion d'une communication présentée en 1958 devant l'*aristotelian society* et intitulée « retour aux présocratiques ». Selon Popper, l'essor magnifique de la philosophie grecque s'accompagne aussi d'un foisonnement d'écoles, d'académies, à l'intérieur duquel il distingue là encore deux pôles extrêmes :

• D'un côté, l' « école italique fondée par Pythagore », elle fonctionne « comme un ordre religieux avec une règle de vie et une doctrine ésotérique spécifique »[6] ; au fond, elle perpétue dans le domaine de la pensée le code génétique de la société close, elle n'est pas sans rappeler la « science normale » de Kuhn, cette petite communauté de savants resserrée autour d'un paradigme intangible : « Il ne peut à

5. *La société ouverte*, p. 142.
6. *Conjectures et réfutations*, p. 226.

l'évidence y avoir de discussion rationnelle dans des écoles de cette nature. »

• De l'autre côté, l'Ecole d'Elée et surtout l'Ecole Ionienne, qui, organisée primitivement sur le modèle de l'ordre religieux, introduit peu à peu en son sein les premiers linéaments d'une tradition nouvelle ; au sein de l'Ecole Ionienne, en effet, une relation absolument inédite s'établit entre Thalès, le maître, et Anaximandre, l'élève, Anaximandre n'hésite pas à critiquer Thalès, celui-ci, au lieu de fustiger l'hérésiarque, admet la légitimité de la critique : « Tous ces éléments, déclare Popper, indiquent selon moi que c'est Thalès qui est à l'origine de cette tradition de liberté nouvelle, il semble que Thalès ait su tolérer la critique et qu'ait été fondée la tradition prescrivant d'y faire droit »[7].

Voilà, aux dires de Popper, la « source » de notre civilisation occidentale rationnelle et humaniste ? Certains philosophes ont adopté une attitude dubitative à l'égard des croyances magiques et répandu l'idée que l'homme devait tout à la fois émettre des conjectures hardies et exercer à leur encontre la libre critique. Une fois encore, Popper ne tente pas de fonder « logiquement » cette révolution culturelle. Entre les trois moments qu'il distingue, le « moment social », le « moment subjectif » et le « moment institutionnel », il n'établit surtout pas de consécution logique, estimant, au contraire, que « cette révolution n'a pas été le résultat d'un processus conscient ». Il s'est agi d'un « effet émergent », c'est-à-dire qu'une agrégation particulière et en partie involontaire de faits, de situations et de pensées s'est conjuguée pour donner naissance à ce qu'il dénomme « un hapax historique », en l'occurrence l'invention de la tradition critique.

7. *Conjectures et réfutations*, p. 227.

IV. — Un destin chaotique

L'émergence miraculeuse de la pensée critique ne défait pas pour autant le ressort de la société close. Popper avoue même que « cette tradition s'est perdue au bout de deux ou trois ans sans doute avec l'émergence de l'épistémologie aristotélicienne » et qu'elle est restée durant des siècles une conquête fragile et menacée. Popper établit, en effet, une relation conflictuelle entre la « société close » et la « société ouverte » et nomme « tension de la civilisation » cette angoisse profonde, ce « sentiment de vide » qui accompagne historiquement l'apparition de la société ouverte.

Il reconnaît, en effet, que l'introduction du débat, de la critique et plus largement du conflit dérange l'ordre naturel des choses, suscite des inquiétudes légitimes et ravive en permanence la nostalgie de la société paternelle harmonieuse et sécurisante. Et s'il voue à Platon ce singulier mélange d'admiration et de rancœur c'est qu'il reconnaît dans son œuvre l'expression philosophique la plus puissante et la plus majestueuse de cette nostalgie tribaliste qui habite invinciblement tout être humain.

Pourtant, Popper est un optimiste invétéré. Il ne croit nullement à une sorte de dépassement hégélien de la « société ouverte » et de la « société close ». Il est convaincu, en revanche, de la perçée progressive de la tradition du « rationalisme critique ». Il en veut pour preuve l'évolution de l'humanité depuis l' « invention » de cette méthodologie. Au milieu d'une route jonchée d'obstacles, la raison a toujours fini par se frayer un chemin.

- Il distingue, tout d'abord, un certain nombre de dates ou plus exactement de nœuds historiques, sortes de moments cruciaux où le destin de la pensée critique s'est en quelque sorte chevillé de manière irrésistible. Il est reconnaissant au « christianisme primitif » de s'être « dressé contre l'intellectualisme distant des scribes et de l'élite savante issu du platonisme ». Il sait gré à la Réforme protestante « d'avoir destitué Dieu de ses fonctions de gouverneur du monde des hommes » et d'avoir enseigné « que c'est nous, vous et moi, qui portons la responsabilité du monde ». Il estime qu'avec la Renaissance la raison reconquiert pleinement ses droits et il interprète « la tradition fondée par Galilée » comme « la renaissance du rationalisme grec ». Le Siècle des Lumières, plus celui de Voltaire que de Rousseau, représente l'aboutissement naturel de cette floraison apparue au sortir du Moyen Age. Enfin, la *Glorious revolution* en Angleterre, la fondation de la démocratie américaine après la guerre d'Indépendance, la Révolution et les idéaux de 1789, puis, plus tard, la victoire progressive des principes libéraux dans la grande majorité des sociétés occidentales ont démontré que la raison était également capable d'imprimer sa marque à l'organisation de la société politique et non plus seulement au développement de notre connaissance.

• Popper distingue, ensuite, des espaces où la pensée rationnelle s'est établie de manière durable. Il dessine à sa manière la grande carte du libéralisme. D'une part, celle-ci se confond pour l'essentiel avec l'Occident. L'extraordinaire aventure intellectuelle ouverte par les penseurs présocratiques reste, encore aujourd'hui, limitée aux frontières de l'Occident. Popper n'en tire pas argument pour disqualifier les autres types de société, mais il faut convenir qu'il ne s'y intéresse guère. La meilleure chose que peuvent espérer les pays extérieurs au monde occidental est d'être gagnés un jour aux rudes disciplines intellectuelles du rationalisme critique ! Par ailleurs, l'occidentalisme récurrent de Karl Popper est lui-même fort sélectif. A l'occasion d'une conférence prononcée, il est vrai, en 1956 et précisément intitulée « Considérations d'un optimiste sur l'histoire de notre époque », il dessine avec une grande précision le territoire du « monde libre » : « C'est au premier chef la communauté atlantique, c'est-à-dire la Grande-Bretagne, les Etats-Unis, les pays scandinaves et la Suisse, ainsi que les postes avancés que nous avons dans le Pacifique, l'Australie et la Nouvelle-Zélande »[8]. Un peu à la manière d'Hayek, il fait la part dans la pensée libérale entre sa tradition « insulaire », de fait anglo-saxonne, et sa tradition « continentale ». La France, l'Allemagne et les pays de l'Europe méridionale ne figurent point encore parmi les sociétés réellement acquises à la déontologie libérale.

• On signalera, enfin, que pour Popper les progrès décisifs de l'humanité se réalisent toujours dans l'ordre de la pensée avant de s'extérioriser dans des pratiques et des agencements concrets. On reconnaît là l'espèce de vitalité créatrice qu'il accorde au Monde 3 des contenus de pensée et qui, d'une certaine manière, fonde sa conception optimiste de l'histoire. Ne déclarait-il point dans une interview accordée en 1986 à la *Revue Economique* : « Mon optimisme est profondément enraciné. Je prétends que nous vivons dans un monde merveilleux. Nous autres Occidentaux avons l'insigne privilège de vivre dans la meilleure société que l'histoire de l'humanité ait connue. C'est la société la plus juste, la plus égalitaire, la plus humaine de l'Histoire. »

8. Considérations d'un optimiste sur l'histoire de notre époque, in *Conjectures et réfutations*, p. 530.

CHAPITRE II

L'ÉCONOMIE CENTRALE DU RATIONALISME CRITIQUE

La découverte scientifique est gouvernée par une logique invariable qui inclut trois moments successifs :

Dans un premier temps, l'homme de science bâtit des scénarios, hypothèses ou théories, qui sont autant d' « essais » *(trial)* en vue de résoudre les innombrables problèmes que lui suggère la complexité de l'univers.

Dans un second temps, l'homme de science soumet ses « essais » ou ses « conjectures » à des tests sévères et systématiques qui se révèleront d'autant plus féconds qu'ils réussiront à les « réfuter » ou encore à les « falsifier » *(error)*.

Enfin, l'application de la méthode *trial and error* implique de la part de l'homme de science qu'il renonce aux certitudes individuelles et accepte sans retenue que ses propres conjectures soient publiquement débattues et combattues au sein de la communauté scientifique (« intersubjectivité »).

Cette triade fixe, selon Popper, l'horizon indépassable de la création scientifique. Elle constitue une sorte de « patron universel » qui, extrapolé à partir des sciences de la nature, se révèle également praticable dans les sciences de la société et peut même inspirer l'art de gouverner. Popper ne conteste pas la multiplicité des champs disciplinaires même s'il s'inquiète parfois de leur artificialité. Il croit, en revanche, à l'unicité de la méthode hypothético-déductive au-delà des domaines où elle s'applique. Son épistémologie est une et indivisible : elle est « problématiste », « faillibiliste », « objectiviste ».

I. — Une épistémologie « problématiste »

« La science naît dans les problèmes et finit dans les problèmes » : Popper a toujours pensé que la démarche scientifique s'originait dans des « problèmes » et non dans des concepts. Cette conviction persévérante lui a été en grande partie dictée par l'hostilité qu'il a d'emblée manifestée à l'endroit des positions épistémologiques du Cercle de Vienne. Toute sa vie, en effet, il s'est dressé contre les principaux réquisits intellectuels de l' « empirisme logique » :

- Il s'est insurgé, tout d'abord, contre la prétention « inductiviste » à l'observation immédiate de la réalité, réhabilitant à l'inverse le caractère obligatoirement initial de l'activité conjecturale.
- Il s'est élevé, ensuite, contre la prétention « positiviste » à l'élimination de la métaphysique du procès de connaissance, réaffirmant le rôle que celle-ci peut jouer dans la formulation des conjectures ou dans la construction des théories.

1. **Le primat de l'activité conjecturale.** — Peu de questions ont autant captivé Popper que celle de l'induction : « Je pense avoir résolu un problème philosophique majeur, le problème de l'induction, cette solution a été extrêmement fructueuse et m'a permis de résoudre bon nombre d'autres problèmes philosophiques »[1].

Sous l'influence d'Ernest Mach, physicien et phi-

1. *La connaissance objective*, p. 11.

losophe de renom auquel l'écrivain Robert Musil consacrera une thèse de doctorat, l'empirisme était devenu la tendance lourde de la philosophie viennoise. A partir des années 1920, l'aventure du Cercle de Vienne, les œuvres majeures de M. Schlick, d'O. Neurath, de R. Carnap et de L. Wittgenstein, marqueront la greffe réussie d'une tradition qui de David Hume à Bertrand Russel imprégnait très intensément jusqu'alors la seule philosophie anglo-saxonne. Aussi, lorsque Popper formule ses premières positions épistémologiques, il ne pouvait que rencontrer sur son chemin les prédicats centraux de l'empirisme logique :

- Les sciences empiriques, tout d'abord, ne sauraient admettre d'énoncés qui ne s'appuieraient pas sur des observations, de tels énoncés sont tout simplement « dépourvus de sens ».
- La méthode légitime des sciences empiriques est la méthode inductive ; grâce à elle, l'esprit humain organise les informations qu'il recueille de l'observation et qui s'emmagasinent passivement dans ses sens et ses perceptions.
- Seule l'observation de répétitions ou de fréquences dans la nature permet à l'homme de science d'inférer l'existence de rapports constants formalisables à l'intérieur d'assertions générales (« instruction par répétition »).
- Enfin, l'accumulation indéfinie d'observations et d'expérimentations permet de « vérifier » progressivement la justesse ou la fausseté des premières hypothèses (« principe de vérification »).

Les théoriciens du Cercle de Vienne pensaient ainsi détenir le « critère de démarcation » permettant de distinguer parmi la totalité des énoncés le bon grain de l'ivraie : un énoncé pourvu de sens était un énoncé capable de passer avec succès l'épreuve de la vérification, ou encore, « la signification d'un énoncé est la méthode de sa vérification ». La *Logique de la découverte scientifique*, édité en 1935, est une réplique directe aux thèses du Cercle de Vienne. K. Popper entend faire partager à ses lecteurs une conviction qui ne le quittera plus : l'inductivisme tant dans sa version maximaliste (accès « certain » à la vérité) que dans sa version modérée (accès « probable » à la vérité) est un mythe qui contamine malencontreusement les sciences de la nature et qui doit être impitoyablement pourchassé.

Tout d'abord, il reconnaît à David Hume l'insigne mérite d'avoir démontré que la méthode inductive se privait elle-même de fondement logique. Il n'est pas possible, en effet, d'extrapoler à partir d'une série finie d'observations particulières un principe de portée universelle généralisable, ensuite, à des observations qui n'ont pas encore été réalisées. Popper actualise et radicalise le raisonnement de David Hume qui se ralliait, néanmoins, à l'inductivisme pour des raisons d'ordre pratique et psychologique. Une multitude d'énoncés singuliers ne permet jamais d'inférer un énoncé général. En revanche, il suffit d'un seul énoncé singulier dissident pour détruire un énoncé général préexistant. « Peu importe le grand nombre de cygnes blancs que nous puissions avoir observé, il ne justifie pas la conclusion que tous les cygnes sont blancs. »

Ensuite, renversant l'ordre d'enchaînement établi par les partisans de l'empirisme logique, Popper proclame la prééminence absolue de la théorie sur l'observation : « A aucune étape du développement scientifique, écrit-il, nous ne commençons par quelque chose qui ne ressemble à une théorie, une hypothèse, une opinion préconçue ou un problème qui en quelque façon guide nos observations et qui nous aide à choisir parmi les innombrables sujets d'observation ceux qui peuvent être intéressants »[2]. L'obser-

2. *Misère de l'historicisme*, p. 131.

vation est toujours sélective, elle ne se résume jamais à des sensations ou des perceptions que l'observateur se contenterait de transcrire dans des comptes rendus écrits, elle est partiellement prédéterminée par les attentes et les problèmes qui hantent l'esprit du chercheur et qu'il tient lui-même d'une connaissance antérieure *(background knowledge)*. Il n'est point d'observation et plus généralement de connaissance qui ne soit au départ « imprégnée de théorie »[3].

Enfin, dans son offensive contre le noyau dur de l'inductivisme, Popper n'hésite pas à convoquer les acquis de l'éthologie animale et notamment les travaux de Konrad Lorenz. Celui-ci estimait qu'un jeune animal venant de naître n'attendait pas que son milieu imprime en lui par le biais de ses organes sensoriels ses premières convictions, mais était d'entrée de jeu doté d'attentes, de mécanismes innés lui permettant de résoudre les premiers problèmes de son existence. Selon Popper, l'apprentissage des connaissances ne diffère pas sensiblement chez l'animal et chez l'être humain. Les conduites apparemment instinctives de l'animal correspondent, en réalité, à des attentes préexistantes génétiquement inscrites dans son organisme. De la même manière, les observations apparemment passives de l'individu demeurent toujours imprégnées d'hypothèses plus ou moins frustres qui les animent et les organisent. Seule, la possession d'un langage non seulement « descriptif » mais également « argumentatif » permet à l'homme d'échapper à son passé animal.

2. **La réhabilitation du questionnement métaphysique.** — Si toute observation empirique est imprégnée de conjectures, doit-on en déduire que l'activité conjecturale participe obligatoirement du procès scientifique ? ou alors la « science » partage-t-elle avec

3. *La connaissance objective*, p. 82.

d'autres activités, telle par exemple la métaphysique, le privilège de formuler des conjectures ?

La volonté d'éradiquer la science de toute espèce de présupposé métaphysique constituait, peut-être, l'objectif central des membres du Cercle de Vienne. La brochure intitulée *La conception scientifique du Monde* qui est considérée comme le *Manifeste* inaugural du Cercle l'énonce très clairement : « Les représentants de la conception scientifique du Monde se veulent rivés au sol de la simple expérience humaine ; confiants, ils s'adonnent au travail qui consiste à éliminer les scories métaphysiques et théologiques accumulées depuis des millénaires »[4]. L. Wittgenstein, qui influence fortement les premiers travaux du Cercle, systématise cette opération de nettoyage en affirmant que les propositions philosophiques sont ni plus ni moins « dépourvues de sens », qu'elles forment un galimatias aussi incompréhensible que « le babil d'un jeune enfant ». De façon générale, toutes les composantes du Cercle réfèrent à un nominalisme radical qui, dans le sillage de Guillaume d'Occam et d'Ernest Mach, proclame l'absolue superfluité de toute entité extérieure au monde sensible.

Là encore, Popper établit sa religion en réaction contre le positivisme radical du Cercle de Vienne. Certes, il ne conteste pas les usages délétères que font certains philosophes de la glose métaphysique. Mais il refuse le postulat généralisateur selon lequel toute interrogation de ce type corrompt invinciblement la recherche de la vérité. La métaphysique est, selon lui, ambivalente, elle peut restreindre l'activité cognitive comme elle peut la dynamiser et l'enrichir.

4. *Manifeste du Cercle de Vienne et autres écrits*, sous la direction d'A. Soulez, p. 128.

• La métaphysique, lorsqu'elle ne s'abîme pas dans la scolastique, est « une science en formation », elle est capable d'exciter cette curiosité créatrice, « ce don de l'étonnement » qui est au principe de toute connaissance ; il existe, selon Popper, un continuum naturel entre les mythes et les fables, les hypothèses et les théories, les uns et les autres apparaissent « comme les libres créations de notre esprit, comme le produit d'une intuition quasiment poétique, d'un effort pour comprendre les lois de la nature »[5].

• Une doctrine absolument métaphysique peut ainsi se révéler utile pour des recherches scientifiques ultérieures ; la théorie platonicienne des Formes et des Apparences a certainement contribué au foisonnement de l'essentialisme méthodologique qui devait contaminer durablement la pensée occidentale, mais elle a également convié l'individu à rechercher au-delà des réalités immédiates des principes cachés d'organisation, frayant ainsi la voie à l'exploration scientifique de l'univers.

• De manière générale, Popper n'hésite pas à faire usage d'un nouveau concept qui est celui de « programme de recherche métaphysique » ; il entend par là des constructions intellectuelles qui ne sont pas « testables » et qui n'ont pas, de ce fait, un statut scientifique, mais qui, cependant, peuvent servir de cadre à des théories authentiquement scientifiques. Le darwinisme appartient, selon lui, à cette catégorie. La théorie évolutionniste n'est pas directement « testable » et pourtant elle éclaire avantageusement tout un ensemble de recherches et d'hypothèses de travail. De la même manière, Popper discerne dans « l'absence d'un programme de recherche métaphysique » la raison essentielle de la somnolence, de la léthargie dont souffre selon lui la physique contemporaine.

5. *Conjectures et réfutations*, p. 287.

La dignité reconnue à la métaphysique s'inscrit dans un projet plus vaste qui parcourt toute l'œuvre de Popper et qui vise à réconcilier la science et la philosophie. Popper, en effet, reconnaît de larges circonstances atténuantes au Cercle de Vienne et n'oublie pas que l'empirisme logique s'est lui-même édifié en réaction contre l'idéalisme ésotérique de la philosophie allemande. Il sait gré « à L. Wittgenstein et à la philosophie analytique d'avoir freiné la prolifération de ce type d'écrits irresponsables »[6] et, lui-même, a régulièrement commercé avec des philosophes comme Bertrand Russel ou Rudolf Carnap alors que la fréquentation d'Hegel, d'Husserl et d'Heidegger lui paraissait intenable. L'erreur principielle de la philosophie analytique est d'avoir « désiré la défaite, l'anéantissement de la métaphysique » aggravant du même coup « le dangereux abîme qui depuis l'avènement de l'hégélianisme sépare la science de la philosophie ». S'il existe, en effet, une philosophie brumeuse inspirée en grande partie des universités allemandes, il peut exister aussi une philosophie constructive qui participe pleinement aux côtés et parfois aux dépens de la science à l'élucidation des énigmes du monde : « J'aimerais redire ma conviction qu'il incombe à un philosophe de philosopher : il doit tenter de résoudre des problèmes philosophiques plutôt que de disserter sur la philosophie. »

II. — Une épistémologie « faillibiliste »

Si Karl Popper refuse d'accorder à la science un privilège de questionnement, acceptant parfaitement que des esprits fantaisistes ou marginaux participent à l'effort spéculatif, il ne renonce pas pour autant

6. *Conjectures et réfutations*, p. 114.

à la spécifier en tant que branche du Savoir. La recherche d'un « critère de démarcation » entre la science et la non-science constitue même la partie centrale de son œuvre, celle qui a sans doute le plus contribué à asseoir sa notoriété et son originalité dans le cercle confiné de la philosophie des sciences. Selon Popper, en effet, « le critère de la scientificité d'une théorie réside dans la possibilité de l'invalider, de la réfuter ou encore de la tester » : « réfutation », voilà le maître-mot, voilà le point nodal de la théorie poppérienne de la découverte scientifique.

1. **Présentation du critère.** — La construction du « réfutationnisme » procède, là encore, d'un double rejet :

• Rejet du « dogmatisme » : Popper récuse de la façon la plus absolue la manière dont certains systèmes interprétatifs, à la lumière du marxisme ou de la psychanalyse, usurpent le label de science ; ils édifient un corps d'énoncés apparemment cohérents qu'ils prétendent confirmés par une multitude de faits mais qu'ils « immunisent » en même temps par le biais de divers stratagèmes contre tous les faits susceptibles de les invalider ou de les neutraliser.

• Rejet de l' « inductivisme » : Popper récuse de la même façon le postulat positiviste selon lequel l'accumulation répétée d'observations stables et concordantes permettrait d'établir de manière certaine la « vérité » ou la « fausseté » d'une assertion à prétention générale.

C'est, plus précisément, en réaction contre le « vérificationnisme » d'origine carnapienne que Popper établit son principe d' « asymétrie » : il n'est jamais possible de fonder une proposition générale à partir d'une série finie d'énoncés singuliers (« confirmation »), il est possible, en revanche, de tirer argument d'un énoncé singulier hétérodoxe pour déstabiliser une proposition générale (« réfutation » ou

« falsification »). Une théorie ne pourra pas être déclarée scientifique ou encore empirique si elle n'offre aucune prise à la réfutation, si elle s'immunise à l'avance contre l'expérience cruciale. La dignité accordée à la « réfutation » au détriment de la « vérification » emporte plusieurs conséquences :

• Une théorie à prétention scientifique doit, en premier lieu, satisfaire à une condition de testabilité. Elle sera réputée « testable » dès lors qu'on peut inférer de manière déductive un ou plusieurs prédicats qui, à raison de certaines conditions dites initiales, pourront être confrontées à des faits et soumis à des tests sévères et accessibles.

• Le critère poppérien doit, en second lieu, être entendu comme une règle de « préférence » et non comme une règle de « justification ». Il n'est jamais possible à l'homme de science de « fonder » positivement une assertion générale, il lui est loisible, en revanche, de « préférer » une assertion à une autre si elle affronte plus efficacement l'épreuve de l'expérience.

• Enfin, une théorie n'est jamais autre chose qu'une hypothèse, qu'un « essai » en vue de comprendre le monde, elle ne peut jamais être « vérifiée », elle peut en revanche être « corroborée ». Sera réputée corroborée une théorie qui a jusqu'alors victorieusement résisté aux tests les plus sévères et qui n'a pas été avantageusement remplacé par une théorie rivale. Mais attention ! la « corroboration » poppérienne n'est point un succédané de la « confirmation » carnapienne, une hypothèse corroborée est une hypothèse provisoirement acceptée par la communauté scientifique mais dont le destin naturel est d'être un jour démembrée par la survenance de nouveaux faits. Au fond, pour Popper, les théories les plus performantes ne sont jamais des théories vraies mais seulement des théories qui ne sont pas encore fausses.

2. **Sophistication du critère.** — Si Popper n'a jamais transigé sur l'importance qu'il accorde à la réfutation comme ressort décisif de la connaissance, il n'a pas hésité, en revanche, à affiner l'outil, soit en éliminant certaines équivoques, soit en précisant certaines ressemblances.

a) La vérité comme « idéal régulateur ». — Les fiançailles célébrées par Popper entre la science et l'incertitude faisaient naître un double malaise. D'une part, en affirmant que les théories apparemment les mieux assises ne sont rien d'autre que des hypothèses précaires et révocables, Popper paraissait détruire l'exigence de vérité traditionnellement associée à l'activité scientifique. Surtout, en disqualifiant à ce point l'idéal de certitude et en insistant sur le caractère faillible de toute connaissance, il risquait de frayer la voie au scepticisme et au nihilisme. Popper s'est employé à dissiper ces malentendus.

D'une part, il distingue avec véhémence le « faillibilisme » du « scepticisme » ou du « relativisme » dans lequel il voit même « la principale maladie philosophique de notre temps »[7]. Le « sceptique » désespère de toutes les théories produites par l'esprit humain. Le « relativiste » admet la légitimité des théories mais les confond dans une sorte d'indistinction hautaine. Le « faillibiliste » croit, au contraire, à l'inventivité de l'homme, et s'il magnifie l'erreur c'est parce qu'il y voit le plus sûr chemin vers la vérité.

D'autre part, il prend appui sur les travaux d'Alfred Tarski, dont il n'a réellement pris connaissance qu'après avoir écrit la *LDS*, pour opérer à l'endroit du concept de vérité une importante clarification méthodologique. Popper estime que la notion de vérité s'est délitée du jour où elle s'est trouvée associée à une croyance subjective au lieu d'être rattachée à un processus objectif. Or, ce qui importe

7. *La société ouverte*, p. 186.

ce n'est pas la croyance du sujet dans la validité d'une théorie, mais la découverte d'indicateurs permettant de distinguer les propositions les plus pertinentes. A cet égard, Popper a inventé un néologisme, le terme de « vérisimilarité » ou encore « vérisimilitude », pour désigner l'état d'approximation de la vérité qu'est susceptible d'atteindre une théorie. Une théorie sera ainsi réputée « approcher » la vérité lorsqu'au-delà de toute expérience singulière datée, ses contenus de « vérité » semblent l'emporter sur ses contenus de « fausseté ». C'est ainsi qu'une théorie, même partiellement réfutée, peut conserver une part importante de « vérisimilarité ».

b) La connaissance comme processus évolutif. — Popper a également tenté d'intégrer à sa philosophie des sciences les principaux acquis de la théorie évolutionniste, n'hésitant pas à parler à ce propos d'une « épistémologie évolutionnaire » : « L'épistémologie évolutionnaire, écrit-il, nous permet de mieux comprendre et l'évolution et l'épistémologie dans la mesure où elles coïncident avec la méthode scientifique »[8]. Partant de l'idée « que tous les organismes sont nuit et jour engagés dans la résolution de problèmes », Popper établit un rapport d'analogie entre les relations qu'entretiennent les espèces animales ou végétales vis-à-vis des mutations affectant leur environnement écologique, et les relations qu'entretiennent nos conjectures vis-à-vis des expériences destinées à les falsifier. De même qu'une transformation décisive de l'environnement peut provoquer l'adaptation de certaines espèces et l'élimination de certaines autres, de même, du résultat d'une expérience falsifiante peut dépendre l'adoption (provisoire) d'une théorie en même temps que l'élimination (définitive) d'une théorie inférieure. Les expé-

8. *La connaissance objective*, p. 81.

riences permettent aux savants d'opérer des sélections entre les théories en compétition.

Il existe, cependant, deux différences essentielles entre l'évolution biologique et l'évolution scientifique. D'une part, les savants ne périssent pas avec leurs théories, « la méthode critique, écrit par exemple Popper, consiste à laisser mourir nos hypothèses à notre place ». Surtout, l'homme se révèle beaucoup plus apte que tout autre organisme à résoudre les erreurs qu'il commet. Il doit cette supériorité à l'émergence d'un langage non seulement « descriptif » mais aussi « argumentatif » qui constitue « un énorme progrès biologique » et qui permet aux hommes en extériorisant leurs théories de les critiquer collectivement, de débusquer plus rapidement leurs failles et d'éliminer plus efficacement les plus pauvres d'entre elles. « La différence entre l'amibe et Einstein, écrit ainsi Popper, réside en ceci que, quoique tous deux utilisent la méthode d'essai et d'élimination des erreurs, l'amibe déteste se tromper tandis qu'Einstein est intrigué par l'erreur. »

3. **Enjeu du critère.** — Des objections souvent fortes ont été adressées au critère établi par Popper pour départager la science et la non-science. Celui-ci admet volontiers qu'il est sans doute plus simple à mettre en œuvre dans le domaine des sciences de la nature que dans celui des sciences de la société. Et pourtant, la promotion du « faillibilisme » au rang de principe inspirateur de la découverte scientifique emporte des conséquences théoriques considérables qui vont bien au-delà de ses éventuelles difficultés d'application et qui font dire à G. Radnitski que Popper a été, sans jamais le clamer, l'artisan d'une véritable « révolution copernicienne » dans le domaine des sciences. Si l'on admet cette thèse il semble qu'on puisse l'apprécier de trois manières :

• Tout d'abord, Popper est davantage un « méthodiste » qu'un « théoricien », il lui importe peu de bâtir une nouvelle théorie de la science, il s'attache, en revanche, à codifier des procédures destinées à maximiser le contenu informatif des énoncés scientifiques. Son problème majeur est le suivant : quelles règles devons-nous adopter si nous voulons que nos conjectures, « ces merveilles d'audace et d'imagination », se révèlent les plus fécondes dans la recherche de la vérité ? Il a la faiblesse de penser que la technologie de l'essai et de l'erreur est la mieux à même de dynamiser « la croissance du savoir ».

• Ensuite, Popper attribue à l'erreur le rôle décisif dans le processus d'augmentation de nos connaissances : « Nos erreurs nous instruisent, écrit-il par exemple, telle est la base de toute épistémologie et méthodologie »[9]. A sa manière il applique le précepte d'économie de pensée qu'Ernest Mach proposait à ses contemporains, mais alors que chez Mach l' « économie » consistait à renoncer aux conjectures jugées extérieures à la science, chez Popper elle s'applique plutôt à la découverte de la vérité. Partant de l'idée toute socratique selon laquelle « nous ne savons pas », Popper invite ses pairs à repérer dans leurs propres théories l'erreur, la faille, l'improbable plutôt qu'à vouloir à tout prix fonder le vraisemblable. S'il salue l'épreuve falsifiante comme un bienfait, s'il convie le savant à tout faire « pour ruiner ses propres conjectures », c'est qu'il est persuadé que la découverte d'une erreur, en nous instruisant sur notre propre ignorance, fraie en même temps la voie d'une connaissance nouvelle. La science n'est pas autre chose qu'une élimination indéfinie de l'erreur.

• Enfin, Popper proclame sans l'ombre d'un regret la fin de l'idéal de certitude dans la science, dépouillant

9. *La société ouverte*, addendum, p. 187.

celle-ci du halo de religiosité qui l'entoure trop souvent : « La conception erronée de la science se révèle dans la soif d'exactitude. Car ce qui fait l'homme de science, ce n'est pas la possession de connaissances, d'irréfutables vérités, mais la quête obstinée et audacieusement critique de la vérité »[10]. Alors que toute notre culture scientiste et positiviste identifie science et justesse, alors que l'évolution du langage se charge d'assigner à des termes comme « connaissance » ou « savoir » une irrésistible connotation de certitude, Popper réintroduit le doute et l'insécurité en édictant que nos théories ne sont pas faites pour être vénérées mais pour être détruites et que nos hommes de science doivent éliminer la certitude de leur horizon.

Popper tire toutes les conséquences méthodologiques de la « révolution einsteinienne » ; alors que la cosmogonie newtonienne était reçue bien au-delà de la communauté scientifique comme une sorte de dogme religieux, il a suffi d'une conjecture audacieuse corroborée par des tests sévères pour qu'elle cesse d'être le paradigme inébranlable de la science physique. Par le détour de l'épistémologie et de la philosophie, Karl Popper rejoint ainsi sans l'avouer l'un des postulats centraux de la sociologie de G. Simmel et de M. Weber, l'idée selon laquelle la matière sociale est infinie, inépuisable, et n'offre donc que des prises instables à la prétention organisatrice de la Raison.

III. — Une épistémologie « objectiviste »

L'épistémologie poppérienne est « réaliste » ou encore « objectiviste », elle oppose de façon radicale la subjectivité de l'homme de science et l'objectivité de la science.

10. *La logique de la découverte scientifique*, p. 287.

1. **La subjectivité de l'homme de science.** — Popper condamne catégoriquement, tout d'abord, le « solipsisme méthodologique », c'est-à-dire l'idée selon laquelle l'intime conviction de l'homme de science suffirait à établir la véracité d'une proposition ou d'une théorie. Robinson, dans son île, ne peut faire acte scientifique. Certes, il lui est loisible de conjecturer sur le monde, mais il lui est impossible de soumettre ses conjectures à des tests intersubjectifs. Or, seule la possibilité d'une discussion critique des théories garantit en dernière analyse l'excellence d'une procédure scientifique. Popper admet la « science révélée », c'est-à-dire l'aptitude d'un savant isolé à anticiper une découverte cruciale, mais il refuse de la hisser au niveau de la « grande science » qui, elle, résulte d'une libre confrontation des hypothèses et des observations suivie d'un arbitrage collectif.

Popper s'écarte farouchement, surtout, du tenace préjugé qui veut que l'objectivité de la science repose avant tout sur l'objectivité du savant. L'idéal positiviste d'une science pure et désintéressée parvenant à s'émanciper des valeurs et des intérêts lui semble incongru : « Nous ne pouvons pas enlever à l'homme de science sa partialité sans lui enlever du même coup son humanité, de même nous ne pouvons pas interdire ou détruire ses jugements de valeur sans le détruire à la fois comme homme et comme homme de science. »[11] A cet effet, Popper n'établit pas de différence entre les « sciences de la nature » et les « sciences de la culture », les unes et les autres lui paraissent également connectées à des préférences et à des valeurs : « Il est totalement erroné, écrit-il, de croire que celui qui pratique les sciences de la nature serait plus objectif que celui qui pratique

11. *De Vienne à Francfort, la querelle allemande des sciences sociales*, p. 84.

les sciences sociales, il est tout aussi partial que les autres hommes. »[12]

Popper n'adhère pas pour autant aux thèses popularisées en Allemagne par Karl Mannheim et connues sous le nom de « sociologie de la connaissance ». Selon ce dernier, en effet, les pensées individuelles, y compris les pensées de caractère scientifique, sont prédéterminées par l'« habitat social » de leurs auteurs et tendent, à ce titre, à constituer des « idéologies totales » fermées les unes aux autres. De l'avis de Popper, la « sociologie de la connaissance » rate son objectif dès lors qu'elle prétend inférer l'acte de connaissance du sujet connaissant. Elle ne nous apprend rien de nouveau sur le sujet connaissant tant il est patent que tout homme de science est obligatoirement impliqué dans un tissu social et culturel qui imprègne au moins partiellement ses manières d'agir et de penser. Elle nous désapprend en revanche sur l'acte de connaissance qui est tout autre chose que la simple projection de l'habitat social de l'homme de science. Au fond, « la sociologie de la connaissance » usurpe son identité. Une authentique sociologie au lieu d'extrapoler à partir du statut social du savant, s'intéresserait à l'ensemble des conditions politiques, institutionnelles, sociales et culturelles qui favorisent ou pénalisent la recherche en tant que processus collectif. De là le jugement exprimé en forme de paradoxe par Popper : « Ce qui échappe à la sociologie de la connaissance ce n'est rien d'autre que la sociologie de la connaissance. »

2. L'objectivité de la science.

« L'objectivité des sciences de la nature et des sciences sociales ne se fonde pas sur l'état d'esprit impartial qu'on trouverait aux hommes de science, mais simplement sur le caractère public et compétitif de l'entreprise scientifique. »[13]

12. *De Vienne à Francfort...*, p. 82.
13. *De Vienne à Francfort...*, p. 241.

Tel est le point de départ. La science surgit lorsque d'une connaissance subjective fondée sur la croyance de l'homme de science on passe à une connaissance objective fondée sur la confrontation critique des points de vue, ce que Popper nomme l'« intersubjectivité ». A cet égard, la description qu'il fait de la germination d'une théorie scientifique présente une certaine parenté avec le modèle « polyarchique » bâti par le politiste nord-américain Robert Dahl pour rendre compte des processus décisionnels contemporains. Selon R. Dahl, les décisions prises par une autorité, qu'elle soit « publique » ou « privée », sont généralement le produit de transactions intervenues entre une pluralité plus ou moins vaste d'acteurs, même si formellement elles paraissent émaner d'un foyer univoque. R. Dahl qualifie ces acteurs du nom d'« associés-rivaux », signifiant par là qu'ils sont tout à la fois en situation de « rivalité » en tant que défenseurs d'intérêts divergents, et d'« association », en tant que contributeurs à une décision collective. Les hommes de science, tels que les dépeint Popper, ressemblent étrangement aux décideurs campés par R. Dahl. Ils sont « rivaux » dès l'instant où leurs hypothèses entrent en compétition et résistent avec plus ou moins de bonheur à l'épreuve de feu de l'expérimentation. Ils sont aussi « associés » dès lors qu'ils partagent la même déontologie de la recherche et s'accordent sur l'absolue nécessité de la critique mutuelle. Popper use, au demeurant, d'une terminologie très proche lorsqu'il utilise l'expression de « coopération amicale-hostile » pour désigner le type de relations qui structurent le procès de connaissance scientifique.

L'objectivisme poppérien atteint, cependant, son apogée lorsqu'il décrit la dynamique générale de l'entreprise scientifique. Celle-ci est toujours plus que la simple somme des connaissances partielles détenues à une époque donnée par chaque chercheur.

Comme l'exprime fort bien J. Watkins, « la science est une structure qui transcende l'activité mentale de ceux qui concourent à sa production, un peu comme l'existence d'une cathédrale transcende l'activité manuelle de ceux qui participèrent à sa construction. »[14] La thèse selon laquelle les produits de l'esprit humain tendent à s'objectiver dans des formes stables et institutionnalisées est peut-être l'un des rares emprunts que fait Popper à l'hégélianisme philosophique. Selon Popper, en effet, les créatures issues de nos croyances individuelles finissent par se détacher d'elles et par intégrer un « Troisième monde », objectif et autonome, dont les principaux locataires sont les « conjectures » et les « problèmes », les « arguments » et les « critiques », les « théories » et les « réfutations ». Popper a pu caractériser cette conception objectiviste de la science d' « épistémologie sans sujet connaissant », signifiant par là que si « nous sommes des ouvriers qui contribuent à la croissance de la connaissance objective », il n'est dans le pouvoir d'aucun de comprendre dans toute sa plénitude l'œuvre toujours recommencée à laquelle il participe.

3. **L'environnement de l'activité scientifique.** — Popper n'est nullement indifférent à l'environnement social et culturel de la création scientifique. Il ne lui échappe pas que l'application du principe d'intersubjectivité dépend aussi de la conjonction d'un certain nombre de conditions objectives. Il est à sa manière un « sociologue de la connaissance ».

• Il existe, tout d'abord, des conditions d'ordre exogène, ressortant au type d'organisation sociale à l'intérieur duquel évolue la recherche scientifique. Pour Popper, la science est la compagne naturelle

14. J. Watkins, Indéterminisme et interactionnisme : deux thèses de Popper, *Cahiers STS*, n° 8, éditions du CNRS, p. 33.

des sociétés libérales qui non seulement acceptent la dissémination et la confrontation des opinions mais créent les cadres institutionnels destinés à protéger « la libre concurrence des pensées ». Elle ne peut vraiment prospérer, à l'inverse, dans les sociétés totalitaires fermées à l'échange et à la contradiction, enlisées dans le conformisme et l'irresponsabilité.

• Il existe, ensuite, des conditions endogènes ressortant au mode d'organisation de la collectivité scientifique elle-même. Pour Popper, en effet, l'existence d'un cadre libéral, aussi propice soit-il, ne prémunit pas automatiquement la science du déclin ou de l'atonie, il en veut pour preuve la floraison des « écoles » ou des « académies » dans les sociétés occidentales. Il importe, en conséquence, qu'à la « tradition libérale » de la communauté sociale, s'ajoute la « tradition critique » de la communauté scientifique, autrement dit, le rassemblement d'une majorité de chercheurs autour des maximes méthodologiques centrales du « rationalisme critique » : l'humilité du savant à l'égard de son propre savoir, l'acceptation franche des critiques d'autrui, la soumission des hypothèses à des tests sévères et accessibles à tous, en un mot, « la coopération amicale-critique de plusieurs savants » à chaque temps du processus de découverte scientifique.

Cette manière d'envisager la socialisation des procédures de découverte scientifique explique la véhémence manifestée par Popper à l'endroit des idées développées par H. S. Kuhn, notamment dans son ouvrage *La structure des révolutions scientifiques*. Kuhn, en effet, estime que la science telle qu'elle se pratique réellement est très différente de la science telle que Popper la dépeint dans ses ouvrages. Là où Popper décrit une « science évolutionnaire » progressant insensiblement par essais, erreurs et découvertes provisoires, Kuhn découvre une « science normale » où un cercle fermé de savants se regroupe frileusement autour d'un « paradigme ». Il s'agit là d'un modèle explicatif qui, à un moment donné, recueille l'assentiment majoritaire de la communauté scientifique et que chaque savant s'évertue à raffiner de façon plus ou moins routinière au lieu de s'inquiéter des données discordantes et d'éventer de nouveaux problèmes. Selon Kuhn, ce n'est qu'exceptionnellement, lorsque trop d' « anomalies » surgissent dans le rapport du paradigme au réel, que des « révolutions » secouent les cercles scientifiques et enfantent dans la douleur de nouveaux paradigmes qui à leur tour ré-alimenteront la « science normale ».

Popper a admis qu'il avait partiellement mésestimé les tendances de l'activité scientifique à la spécialisation et à la bureaucratisation, mais il refuse de croire à l'hégémonie de la « science normale » : « C'est le scientifique non normal, audacieux, critique, qui fraie une voie à travers les barrières de la normalité et laisse entrer l'air frais », une science qui cultive la routine et répugne à l'inventivité se disqualifie en tant que science.

CHAPITRE III

LA NATURE CONVENTIONNELLE DU RATIONALISME CRITIQUE

Parmi les nombreux griefs qui ont été adressés au rationalisme critique, deux méritent une attention particulière. Le premier vise la dimension régalienne d'une théorie qui, en proclamant sur un mode impératif le critère de la « vraie » science, réintroduirait en son sein la déviation essentialiste dont elle accable les autres. Le second suspecte la prétention implicitement normative d'une pensée qui énoncerait le caractère « faillible » de la science pour mieux la disculper des connivences délétères qu'elle entretient avec la civilisation autoritariste et technocratique contemporaine. De manière générale, le rationalisme critique est sommé d'établir son pédigrée.

I. — Un choix subjectif

Popper ne s'est jamais dérobé au problème de la validité du « criticisme ». Il s'en est même régulièrement expliqué. Dès ses premières œuvres, il affirme que « le rationalisme critique ne contient pas en lui-même sa propre légitimité » mais « doit être considéré comme une invite à un accord ou à une convention »[1]. Il faut attendre, cependant, la rédaction du chapitre 24 de son ouvrage *La société ouverte*

1. *Conjectures et réfutations*, p. 520.

intitulé « La philosophie prophétique et la révolte contre la raison », pour que ce conventionnalisme modéré soit l'objet d'un exposé systématique. Après avoir rappelé sa conception de l'activité rationnelle, Popper reconnaît qu'à l'origine de son épistémologie il y a une décision personnelle elle-même entachée d'une part importante de préjugé : « Le rationalisme critique, écrit-il, peut parfaitement admettre l'existence d'une affirmation *a priori* qui n'est autre qu'un acte de foi dans la raison, à nous de choisir entre l'irrationalisme absolu ou non et une forme critique de rationalisme qui ne craigne pas de puiser sa conviction initiale dans une décision irrationnelle »[2].

Ce « décisionnisme » méthodologique n'est pas fortuit. Il ne fait qu'exprimer, là encore, l'hostilité affichée très précocement par Popper à l'encontre de l'essentialisme. S'il refuse la sommation qui lui est faite de définir avec sûreté le « fondement » du rationalisme critique, c'est parce qu'il estime que toute entreprise de type « justificationniste » expose immanquablement son auteur à une triple impossibilité logique. Soit, en effet, on « fonde » la théorie retenue sur un argument central qui, à son tour, devra être « fondé » sur un argument d'une teneur supérieure, on entre alors dans un intenable processus de « régression à l'infini ». Soit, deuxièmement, on s'arrête à un argument jugé décisif : on évite alors le *regrès infinitum*, mais on n'échappe pas pour autant au dogmatisme, puisque cette « fondation » se trouve alors soustraite à l'épreuve de la réfutation. Soit, enfin, on s'en remet à nos sensations du soin de repérer une assise stable à notre théorie, mais on se heurte alors aux objections majeures qui frappent obligatoirement toute méthode inductiviste.

Puisqu'il est logiquement insupportable de vouloir

2. *La société ouverte*, p. 157.

ancrer une théorie sur une base rocheuse inébranlable, puisqu'il faut, cependant, exprimer une préférence en faveur d'une théorie, cette préférence prendra la forme d'un choix en partie irrationnel au terme duquel les hommes de science seront « invités » à retenir les maximes centrales du rationalisme critique parmi les principes inspirateurs de la connaissance. Celles-ci n'ont pas le statut de vérités initiales. Elles forment plus modestement « les règles du jeu de la science empirique », les conventions méthodologiques susceptibles de rassembler une majorité d'hommes libres. Popper ne conteste nullement que d'autres puissent trouver dans la violence, le nihilisme ou la contemplation des voies d'accès à la vérité. Il prend seulement la « décision » de leur préférer la règle de raison : « Le rationalisme auquel j'adhère, écrit-il, repose sur une confiance irrationnelle en l'attitude dictée par la raison, je ne pense pas qu'il soit possible de dépasser cette aporie »[3].

Le « subjectivisme » de Popper a suscité une importante controverse à l'intérieur même du mouvement poppérien, celui-ci se divisant notamment sur l'éclairage qu'il convenait d'apporter au chapitre 24 de *La société ouverte*. W. Bartley a ainsi estimé que le « criticisme » poppérien se disqualifiait doublement, d'une part, en plaçant à sa cime une « décision » arbitraire soustraite par définition à toute espèce de réfutation, d'autre part, en offrant à l'irrationalisme des chemins de traverse inespérés puisqu'il se trouve officiellement convoqué au principe même du rationalisme critique. Pour sortir de cet engrenage, W. Bartley soutenait que le rationalisme critique ne pouvait être « qu'auto-inclusif », autrement dit qu'il devait « inclure » d'emblée sa propre réfutation. J. Watkins a vivement combattu cette thèse,

3. *Conjectures et réfutations*, p. 520.

estimant qu'elle conduisait paradoxalement à sa propre négation : une théorie qui inclut *a priori* sa propre réfutation ne peut plus donner prise à la réfutation, celle-ci étant d'entrée de jeu ingérée. Selon J. Watkins, le « moralisme poppérien » constitue un moindre mal par rapport au « pancriticisme » de W. Bartley : mieux vaut « décider » en faveur d'une théorie et affronter sereinement la controverse que la munir à l'avance d'une cuirasse artificielle.

II. — Un choix moral

« Ce choix n'est pas seulement affaire l'opinion personnelle ou de position intellectuelle. C'est une décision d'ordre moral, pouvant avoir une profonde influence sur notre attitude envers les autres hommes et les problèmes de la société »[4].

Selon Popper, une « décision morale » se distingue d'une « décision scientifique ». Certes, l'une et l'autre manifestent une « préférence », mais alors que la seconde sollicite l'arbitrage de l'expérience, la première mobilise le seul arbitrage de la conscience. Une décision morale n'a jamais de racine scientifique. En revanche, une décision scientifique a toujours une base morale. Aux yeux de Popper il existe au moins trois raisons pour créditer de « décision morale » le choix en faveur du rationalisme critique :

1. **Un choix de liberté.** — Le « criticisme » est d'abord un acte de foi dans la liberté et la dignité de l'homme. Popper aime à rappeler que « toutes les normes ne se valent pas » et que ce n'est pas la même chose que de se rallier à un style littéraire ou pictural ou que d'approuver l'esclavage. L'homme est responsable de ses actes et à ce titre il lui incombe de distinguer parmi les règles de vie celles qui favorisent

4. *La société ouverte*, p. 158.

l' « unité de l'humanité » et celles qui, à l'inverse, ne peuvent que semer le désordre et la dispute. Karl Popper est particulièrement redevable à la Réforme protestante d'avoir rappelé « que c'est nous, vous et moi qui portons la responsabilité du monde » et à Kant d'avoir montré que « l'homme est libre non pas parce qu'il est né tel mais parce qu'il a, d'entrée de jeu, charge de décider librement »[5].

2. **Un choix de tolérance.** — Popper pense, à l'image de Burke et Hegel, que la raison a une nature « sociale ». Il ne pense pas, en revanche, que la société se confonde avec le collectif, il croit, au contraire, qu'elle est faite d'interindividualité : « Nous devons notre raison, écrit-il, à nos échanges avec nos semblables. » Le rationaliste-critique récuse l'argument d'autorité et entretient une suspicion permanente autour de son propre savoir. Le rationaliste-critique accepte sans arrière-pensée les objections d'autrui et admet que l'erreur est généralement plus instructive que la confirmation. Le rationaliste critique préfère le langage clair propice à la communication, plutôt que le méta-langage ésotérique qui établit des cloisons artificielles entre les locuteurs. Le rationalisme critique, dès lors qu'il fait de la discussion argumentée la mesure de l'activité rationnelle, forme le creuset privilégié de l'écoute et du dialogue, constitue par excellence l'école de la tolérance.

3. **Un choix de société.** — « La raison critique, écrit encore Popper, est la seule alternative à la violence qu'on ait découvert jusqu'à présent. » Là aussi, l'épistémologie rejoint la conviction libérale. Les principes fondamentaux du rationalisme critique ne sont pas seulement convoqués pour guider les débats

5. *Conjectures et réfutations*, p. 275.

internes de la communauté scientifique. Ils valent également pour la société des hommes qui est à la fois plus vaste et plus complexe que la société des savants. L'usage de la raison, dès lors qu'il peut s'appuyer sur des institutions garantissant la libre compétition des pensées et des argumentations, est le seul recours dont dispose l'humanité pour policer le règne de la violence et de la domination. L'implication si manifestement libérale du rationalisme poppérien explique l'âpreté du différend qui devait l'opposer à l'Ecole de Francfort et de façon plus générale à toutes les philosophies hétéronomistes. Comment, en effet, les zélateurs de la Théorie critique auraient-ils pu admettre l'autonomie prêtée à la déesse Raison alors que tout leur effort tendait justement à questionner derrière l'apparente neutralité de la science et de la technique la souveraineté d'une rationalité instrumentale liée de manière indélébile au capitalisme technocratique occidental ! et il est vrai qu'en fournissant à l'activité scientifique des protocoles invariables et en quelque sorte intemporels et en refusant, par conséquent, de la confondre avec des utilisations éventuellement délictueuses, Popper détruisait l'ultime raison d'être d'un marxisme laïcisé d'autant plus enclin à critiquer la rationalité capitaliste qu'il avait lui-même renoncé à l'utopie communiste.

Le débat Popper-Adorno des journées de Tübingen de 1961 actualisait à sa manière le clivage qui s'était instauré au sein de la philosophie allemande entre les partisans de Kant et ceux de Hegel. Selon Popper, la « Théorie critique » ne fait que poursuivre « l'entreprise de destruction de l'intelligence » initiée par l'hégélianisme, tandis que le « Rationalisme critique » « ne fait que parachever la théorie de Kant ».

III. — **Un choix d'efficacité**

« Ma seule raison de proposer mon critère de démarcation, écrivait Popper en 1935, est sa fécondité : bon nombre de questions peuvent être clarifiées et expliquées grâce à son aide »[6]. Le rationalisme critique ne détient pas seulement sur ses rivaux déclarés ou potentiels une supériorité éthique, il se révèle également plus performant dans la recherche de la vérité, il met à la disposition de l'individu, et notamment de l'homme de science, un jeu de procédures simples et opératoires lui permettant, selon la formule d'Alain Boyer, de « maximiser le contenu informatif de nos théories et de nos connaissances »[7].

La première vertu du « criticisme » est de réserver à l'erreur une place stratégique dans le mûrissement de la science. En entretenant autour des vérités apparemment les mieux assises un climat de doute et de suspicion, en enseignant « qu'aucun énoncé scientifique ne doit être mis à l'abri de la réfutation », cette théologie de l'erreur préserve du dogmatisme et du conformisme en même temps qu'elle excite la curiosité, elle est la mieux à même d'éviter à la recherche les facilités de la « science normale » afin d'y faire triompher la « révolution permanente » des conjectures et des réfutations. Là encore, la distance n'est pas considérable entre le « trotskysme épistémologique » de Karl Popper et l' « anarchisme épistémologique » de Paul Feyerabend.

La seconde vertu du « criticisme » est d'assujettir la connaissance non à des convictions intimes mais à des procédures socialisées et codifiées d'échange et de discussion : « Nous n'apprenons que par essais et par erreurs et nous avons besoin de la critique d'autrui pour nous rendre compte de nos erreurs »[8]. On retrouve ici l'objection émise très tôt par Popper

6. *La logique de la découverte scientifique*, p. 52.
7. Alain Boyer, Sur le peu de méthode, *Cahiers STS*.
8. *Misère de l'historicisme*, 1956.

à l'égard de la « science révélée » ou encore de la « robinsonnade intellectuelle ». Il n'est pas interdit à l'individu d'atteindre un haut niveau de conjectures mais celles-ci finiront tôt ou tard par stagner si elles ne se collettent pas à des questionnements externes. « La critique mutuelle rapproche de la vérité », elle n'est point pour Popper une coquetterie d'intellectuel, elle est un aiguillon, un levain.

La troisième vertu du « criticisme » est d'articuler l'activité connaissante à la résolution de problèmes plutôt qu'au déchiffrement d'essences incertaines. A cet égard, le rationalisme critique présente aux yeux de ses défenseurs un double avantage. D'une part, il incite le savant à raisonner en termes de « problèmes » et non en termes « d'objets ». Il n'existe pas, en effet, d'objets construits *a priori* et livrés brut à l'investigation de disciplines spécialisées et régaliennes. Il existe, en revanche, des « problèmes » offerts à la curiosité intellectuelle d'une pluralité de disciplines, même si à l'intérieur du champ considéré il n'est pas rare que l'une d'entre elles dispose d'un privilège d'intellection. Rien n'irrite autant Popper que la prétention d'une discipline constituée à s'approprier sur un mode exclusif et totalisant telle ou telle branche du savoir empirique. D'autre part, il incite le savant à raisonner davantage en termes d'explication qu'en termes de signification, il l'invite à résoudre des énigmes objectives plutôt qu'à statuer sur la quintessence d'un phénomène ou le sens profond des mots. Si Popper a ferraillé avec tant de vigueur contre toutes les variantes de l'essentialisme, s'il a toujours stigmatisé les « philosophies de l'identité », s'il s'est détaché du Cercle de Vienne lorsque ce dernier a déserté l'épistémologie pour la sémantique, c'est parce qu'il lui apparaissait que ce genre de discours, en verbalisant sur ses propres énoncés ou sur ses propres termes, dégénéraient en une rhétorique obscure et intraduisible.

DEUXIÈME PARTIE

L'EXPLORATION PASSIONNÉE DE L'UNIVERS TOTALITAIRE

« *Misère de l'Historicisme* et *La société ouverte* constituèrent mon effort de guerre. Je pensais que, peut-être, un jour, la liberté redeviendrait un problème essentiel, aussi ces livres ont-ils été conçus comme une défense contre les idées totalitaires et autoritaires et comme une mise en garde contre les dangers des superstitions historicistes. »[1] Karl Popper, au même titre qu'Hanna Arendt ou Raymond Aron, appartient à cette génération intellectuelle européenne qui, née dans un climat de développement des idées libérales, a été durablement traumatisée par la montée conjuguée du fascisme et du stalinisme et a tenté d'en saisir la signification. A défaut de combattre le totalitarisme par les armes Popper a cherché à le combattre par les idées en démontant les mécanismes intellectuels qui l'avaient enfantés.

Pourtant, *Misère de l'historicisme* et *La société ouverte* ne sont pas seulement des textes circonstanciels. Quelques lignes plus loin, Popper écrit en

1. *La quête inachevée*, p. 165.

effet : « Ces deux livres, et en particulier *La société ouverte* qui est sans nul doute le plus important des deux, sont nés de la théorie de la connaissance exposée dans *Logik der Forschung* et de ma conviction que les idées souvent inconscientes qui sont les nôtres quant à une théorie de la connaissance conditionnent notre rapport à nous-mêmes et à la politique ». Et dans la préface à l'édition française de *La société ouverte* Popper rappelle que « les idées exposées dans cet ouvrage remontent à l'année 1919 »[2], cette année cruciale où, pour la première fois, il a la prescience de l'antinomie qui est en train de s'installer à nouveau dans l'ordre de la pensée entre les systèmes « ouverts » et les systèmes « clos ». L'invasion de l'Autriche par les troupes nazies en 1938, puis la conclusion du Pacte germano-Soviétique en 1942, n'ont donc fait que raviver une réflexion dont les prémisses essentielles figuraient déjà en bonne place dans l'épistémologie poppérienne et n'avaient plus qu'à s'étendre à sa philosophie politique.

2. *La société ouverte,* t. I, p. 8.

CHAPITRE IV

LA MATRICE INTELLECTUELLE DU PHÉNOMÈNE TOTALITAIRE

Sir Karl est un grand consommateur d' « ismes » : « historicisme », « utopisme », « déterminisme », « totalisme », « holisme », etc., autant de substantifs qui, bien que fortement consanguins, ne réfèrent pas nécessairement à des processus identiques et impliquent, par conséquent, une clarification d'ordre sémantique. Il semble possible d'organiser le corpus intellectuel utilisé par Popper pour caractériser l'entreprise totalitaire autour de deux idées indissociables : l'historicisme et l'utopisme :

- L'historicisme désigne toute doctrine qui tend à enfermer le mouvement de l'histoire dans une succession inexorable et prévisible d'étapes conduisant vers une sorte de terme de l'histoire humaine.
- L'utopisme désigne toute représentation idéale de la société visant à transformer intégralement la société et à construire, au prix d'un activisme radical, un ordre absolument neuf.

Telle est, selon Popper, la matrice commune aux totalitarismes : la croyance dans un principe obligé d'évolution de l'histoire induit une croyance corrélative dans une transformation radicale de la société. Popper ajoute que les historicismes d'obédience totalitaire (car tout historicisme n'est pas obligatoirement totalitaire) sont des historicismes « souples » qui, à la différence des historicismes « fatalistes », admettent l'intervention des individus et des groupes et requièrent, par conséquent, une certaine ingénierie sociale. Avant d'entreprendre tour à tour ces deux composants du phénomène totalitaire, il convient d'examiner la méthode d'analyse privilégiée par Popper qui est, là encore, d'inspiration logiciste.

I. Une approche « logiciste »

« La publication, en 1951, de *The Origins of Totalitarianism* d'Hanna Arendt nous semble inaugurer une ère nouvelle dans l'histoire des interprétations du stalinisme : pour la première fois peut-être est porté un regard philosophique sur le rôle qu'occupe l'idéologie dans la compréhension du phénomène politique totalitaire »[1]. Il peut paraître dérisoire de disputer sur des questions de préséance interprétative. On ne peut, cependant, refuser à Popper un certain privilège d'antériorité par rapport à cette littérature vaste et féconde qui, autour des analyses d'Hanna Arendt, Raymond Aron, C. Castoriadis ou C. Lefort, s'est employée à comprendre la genèse du totalitarisme moderne en référence à un « travail » particulier de l'Idéologie. Est-il besoin d'ajouter qu'en développant dès 1942 une interprétation philosophique du totalitarisme, Karl Popper précèdera de près de trente années ce courant « nouvelliste » qui, dans le sillage de Bernard-Henri Lévy ou d'André Glucksman, nous apprendra avec gravité, qu'à l'origine du Goulag soviétique, il y a moins un système social qu'une rationalité intellectuelle !

« Une idéologie est très littéralement ce que son nom indique : elle est la logique d'une idée. » Popper ne désavouerait point la définition d'Arendt. Tout au long de *La « société ouverte »*, en effet, il s'attache

1. Luc Ferry, in *Interprétations du totalitarisme*, PUF.

à identifier la matrice intellectuelle du phénomène totalitaire. Il distingue, ainsi, dans l'accouplement d'un historicisme prophétique et d'une technologie utopiste le principe générateur et unificateur de tout un ensemble de pratiques qu'il qualifie de totalitaires au-delà des lieux et des périodes extrêmement disparates où elles se sont déployées. Il y a donc bien une « efficace » propre à une certaine configuration idéologique qui la conduit à modeler des formes concrètes d'organisation de la société.

1. Selon Popper, ce n'est point la similitude des « pratiques » mais plutôt celle des « idéologies » qui permet d'apparier des formes en apparence aussi antagonistes que le fascisme et le stalinisme. A cet égard, il n'étudie pas, ou seulement de façon seconde, les conditions matérielles et sociales qui, dans certains cas, ont permis la victoire du totalitarisme alors que, dans d'autres cas, elles lui faisaient obstacle. Il s'attache plutôt à en démonter le mécanisme intellectuel interne. Au fond, il lui importe peu de raconter l'émergence historique du fascisme ou du stalinisme. Hitler et Staline n'auraient point existé que la démonstration conserverait toute sa validité puisqu'elle affecte les vices constitutifs d'une logique intellectuelle. On mesure mieux, dès lors, le statut non seulement premier mais également exclusif qu'occupe au sein de l'explication poppérienne l'élucidation conjointe des pensées de Platon, Hegel et Marx. Certes, il ne conteste pas qu'à « l'origine » des idées de Platon il y ait un sentiment de désolation devant l'affaiblissement des cités grecques ou qu'à « l'origine » des idées de Marx il y ait un sentiment d'indignation devant les méfaits sociaux du capitalisme libéral. Mais il prend soin de distinguer le « moment » où ces idées ont été élaborées de l' « ascendant » qu'elles rencontreront non seulement dans la Grèce antique ou dans l'Europe du

XIXe siècle mais plus profondément dans l'histoire générale de la civilisation occidentale. A des titres divers, Platon, Hegel et Marx ont semé les germes intellectuels qui allaient féconder le totalitarisme.

2. A bien des égards, Popper radicalise l' « autonomie » prêtée à l'idéologie dans la genèse du totalitarisme. Il existe bien, selon lui, un « travail spécifique » de l'idéologie, une « rationalité interne » au totalitarisme qui, de manière indépendante des autres déterminations sociales, « peut » conduire en des temps et en des lieux extrêmement disparates à des types homogènes d'organisation de la société. Cette interprétation « idéelle » du phénomène totalitaire va bien au-delà des exégèses contemporaines puisqu'elle n'établit pas de différence pertinente au sein du genre totalitaire entre ses virtualités anciennes et ses expressions présentes. Alors que pour Hanna Arendt le totalitarisme est un phénomène absolument moderne et que pour B. H. Lévy il constitue même l' « inouï de nos sociétés modernes », Popper pense, au contraire, qu'il traverse de part en part l'histoire de l'Occident et puise son inspiration originelle dans l'œuvre de Platon. La seule différence qu'il admet entre le « totalitarisme ancien » et le « totalitarisme moderne » tient à la nature populaire et massive du second qui se révèle capable de mobiliser des peuples entiers autour de ses prophéties.

3. Est-ce à dire que Popper s'adonne, comme le prétend Dante Germino, « à un usage amorphe du terme totalitaire » et englobe dans un genre unique Sparte et Nuremberg, Platon et Staline, Saint Augustin et Mussolini ? Non. D'une part, tout historicisme ne conduit pas inéluctablement au totalitarisme. Popper distingue l'historicisme « fataliste » qui postule un enchaînement irrésistible de causes transcendant les volontés individuelles d'un historicisme « actif »

où la prédiction d'une Cité idéale s'associe à une stratégie activiste de reconstruction sociale. Saint Augustin et Toynbee sont des historicistes, ils ne sont point pour autant les dévôts du fanatisme, il manque, en effet, à leur conception déterministe de l'histoire la dimension utopiste, radicale qui figure au principe de tout totalitarisme. Surtout, Popper n'accable pas de la même manière les principaux géniteurs du totalitarisme. Son hostilité à l'égard d'Hegel est absolue, épidermique, il reconnaît lui-même « que son propos est de combattre et non d'expliquer le phénomène hégélien ». A titre individuel, Hegel n'est qu'un « bouffon », un « charlatan ». Plus profondément, il est « le maillon manquant de la chaîne reliant Platon au totalitarisme », l'inspirateur le plus fertile du nationalisme et du bellicisme contemporain. La position à l'égard de Platon est plus complexe : « Popper, écrit Jean Largeault, admire Platon tout en jugeant malfaisante son influence ». Il ne doute point, en effet, du talent de Platon, il le considère même *for the greatest philosopher of the world.* Il demeure, cependant, l'homme qui a fourni à la pensée close ses premières fondations intellectuelles et, à ce titre, il reste l'adversaire principal de la société ouverte. Hegel n'a rien inventé, il n'a fait qu'actualiser à sa manière le platonisme politique et philosophique. En revanche, le ton change nettement lorsque Popper entreprend Marx. Certes, il voit dans le marxisme « la forme d'historicisme la plus pure, la plus répandue et la plus redoutable que le monde ait connue ». Mais il prend soin de distinguer les tendances historicistes qui dominent l'œuvre de Marx des inspirations humanistes et des intuitions sociologiques qui la parcourent également. « Notre dette envers lui est considérable », écrit-il, laissant parfois à penser que Marx n'est, au fond, qu'un humaniste dévergondé, un compagnon d'infortune de la société ouverte qu'une vision messianique de l'histoire entraîne presque malgré lui sur les brisées du totalitarisme.

II. — L'historicisme

Il y a au départ de tout historicisme une dimension prophétique. L'historicisme est cette disposition de l'esprit qui assigne à l'humanité une fin dernière et qui prédit à l'avance les stades conduisant nécessairement à ce grand terme de la destinée humaine. Popper distingue, à cet égard, l'historicisme « essentialiste » de Platon de l'historicisme « fataliste » de Marx.

1. **L'historicisme « essentialiste » de Platon.** — L'historicisme tel que le définit Popper n'apparaît pas d'emblée comme la marque distinctive du système platonicien. Celui-ci semble bien davantage s'inscrire dans une cosmologie abstraite que dans une dynamique sociale. Selon Platon, en effet, le monde immuable et originaire des « Idées » a engendré un univers mouvant et volatile de « Choses » qui ne sont jamais que des reproductions plus ou moins fidèles de l'Idée qui leur a en quelque sorte servi d'original. A chaque « chose » présente dans le monde sensible correspond, par conséquent, une « Idée » ou encore une « Forme » qui présente l'aspect de la perfection, de l'immobilité, de l'impérissabilité et à laquelle il n'est possible d'accéder que par le détour de la pure intellection. L'un des rôles essentiels de la philosophie est justement d'atteindre la permanence céleste des Formes derrière la futilité des Apparences. Or, ce qui ne semble de prime abord qu'une habile construction métaphysique se trouve convoqué par Popper au fondement même de l'historicisme platonicien. Selon lui, en effet, la distinction des Formes et des Choses n'est pas seulement à l'origine d'une conception « essentialiste » de l'interprétation du monde,

elle induit, de surcroît, une théorie déterministe du devenir social qui l'apparente de ce fait à l'historicisme prophétique.

Il y a place, en effet, dans la cosmogonie platonicienne, pour une loi inexorable du développement historique. Puisant chez Héraclite l'idée d'un monde en perpétuelle évolution et chez Hésiode celle d'un déclin irréversible de l'humanité, Platon formule une théorie cohérente du changement social à l'intérieur de laquelle le monde sensible, se détachant progressivement de l'Idée qui l'a engendrée, se développe dans une certaine direction et tend au déclin. Cette vue évolutionniste de l'histoire transparaît nettement dans sa théorie des systèmes politiques. En terme de « statique sociale », chaque type d'organisation politique n'est qu'une copie plus ou moins décadente du modèle originaire, de la Cité idéale. En terme de « dynamique sociale », l'original s'actualise dans des types différenciés et successifs, chacun représentant un degré supplémentaire de défiguration et de corruption. Platon dénombre ainsi quatre types : la « timocratie » où le pouvoir est exercé par une noblesse fortunée et ambitieuse, l' « oligarchie » où le pouvoir échoit à une caste censitaire, la démocratie règne de la démagogie populaire, la tyrannie où le peuple se livre à un tyran sans scrupules. Chaque type est travaillé par des contradictions internes qui préparent le passage au type suivant. L'avènement d'un nouveau type marque une dérive supplémentaire dans la corruption de l'Original. L'histoire, selon Platon, est bel et bien mue par un principe irréversible de dégénérescence.

2. **L'historicisme « fataliste » de Marx.** — Popper a beaucoup d'indulgence à l'égard du « troisième homme » de l'odyssée totalitaire. Il admet volontiers que le marxisme est aussi un humanisme puisant dans une indignation légitime devant la misère ou-

vrière du siècle dernier. Il ne conteste pas davantage que Marx a frayé la voie à une authentique compréhension sociologique de l'histoire et délivré celle-ci des catégories psychologisantes qui l'appauvrissaient. Malheureusement, l' « élan humaniste » et l' « intuition sociologique » ont été détournés de leur trajectoire par le fait d'une conception déterministe du mouvement social qui constitue la trame centrale de la vulgate marxiste et qui l'incline ainsi vers l'historicisme. Hypostasiant l'effet de contrainte exercé par les structures économiques et sociales, Marx croit à une loi rationnelle de la transformation sociale, à un principe irrésistible de causalité historique, et exclut, en conséquence, que l'intervention humaine ou institutionnelle puisse rétroagir à son tour sur le cycle des sociétés. Cette erreur principielle apparaît notamment dans deux thèses célèbres de Marx que Popper entreprend de réfuter en sollicitant tour à tour, conformément à son habitude, le raisonnement logique et l'expérience factuelle.

a) La loi de paupérisation absolue. — « En affirmant que, dans une société où les profits sont élevés et où la richesse s'accroît, les travailleurs peuvent être réduits de façon durable à des salaires de famine, Marx a incontestablement vu juste. Mais il s'est trompé en croyant qu'il existait une loi d'appauvrissement continu »[2]. Marx est victime de son historicisme. Il n'est sans doute pas inexact qu'au début de la révolution industrielle, l'exploitation très dure de la « force de travail » accentuait l'antagonisme de classe en accumulant la richesse à un pôle et en fixant la misère à l'autre pôle. Mais Marx a le tort de généraliser une tendance historiquement datée faisant d'une réalité appartenant à l'enfance du capitalisme moderne une régularité en quelque sorte congruente à son développement

2. *La société ouverte*, p. 118.

ultérieur. Il n'imagine pas que des actions conscientes ou des politiques institutionnelles puissent infléchir les tendances lourdes de l'histoire. Or, les classes ouvrières occidentales se sont progressivement dotées d'organisations de défense « ayant pour arme la grève et pour moyen d'action la négociation collective » qui ont permis de rééquilibrer le rapport de force entre le « Capital » et le « Travail » et d'œuvrer ainsi à une amélioration sensible de la condition ouvrière. De même, la plupart des Etats occidentaux, rompant avec le « capitalisme sans entrave », ont adopté des législations sociales protectrices qui ont contribué à corriger les inégalités sociales et à pacifier les rapports entre classes. « La loi de paupérisation, conclut Popper, n'est pas fondée. Il ne nous en reste qu'une description émouvante de la misère des ouvriers il y a un siècle »[3].

b) L'extinction des classes sociales. — Là encore, Popper ne conteste pas l'apport souvent fécond de la théorie marxiste des classes sociales et reconnaît que les débuts de l'accumulation capitaliste ont provoqué un vif antagonisme entre la « bourgeoisie capitaliste » et le « prolétariat ouvrier ». Il reproche néanmoins à Marx une vision doublement réductrice qui le conduit, avant la révolution, à ramener la dynamique sociale à un affrontement bipolaire, après la révolution, à la réduire à un dépérissement inéluctable des classes sociales :

• Avant la révolution, il n'est pas sûr que la société capitaliste tende irrésistiblement à la bipolarisation sociale, c'est-à-dire à l'exacerbation d'un antagonisme exclusif bourgeoisie-prolétariat. D'une part, la loi de concentration monopoliste établie par Marx n'aboutit pas obligatoirement à l'élimination des « classes moyennes » d'artisans, de commerçants, de petits entrepreneurs. En outre, elle n'abolit

3. *La société ouverte*, p. 119.

pas d'un coup d'importantes « couches rurales » qui, propriétaires, fermières ou salariées, n'identifient pas nécessairement leur sort à l'une des deux classes pilotes de la société. Enfin, Marx convient lui-même que la bourgeoisie a intérêt à diviser la classe ouvrière et à égarer ses couches les plus instables (« le lumpen-prolétariat »). Selon Popper, « au lieu des deux classes prévues, on pourrait bien en avoir sept : la bourgeoisie, les grands propriétaires terriens, les petits et moyens propriétaires terriens, les ouvriers agricoles, une nouvelle classe moyenne, la classe ouvrière, une « pègre prolétarienne » ou sous-prolétariat »[4].

• Après la révolution, il n'est pas sûr que d'un état (incertain !) de bipolarité sociale, on passe à un état d'unicité, puis d'indistinction sociale. D'une part, une fois la lutte terminée, il n'est pas certain que les membres du « prolétariat » demeurent solidaires entre eux, il est même probable que des conflits d'intérêt latents divisent à nouveau ses rangs. Surtout, l'accès des seuls « prolétaires organisés » à des fonctions dirigeantes risque de recréer de nouvelles stratifications sociales et d'ajourner indéfiniment l'espérance messianique d'une « société sans classes ».

Infondée logiquement, le raisonnement marxien a été gravement infirmé par l'évolution des sociétés communistes. Partout où les biens de production ont été collectivisés et les structures démocratiques détruites, on a vu proliférer une « nouvelle classe dirigeante », une « bureaucratie dégénérée », un « capitalisme d'état », une « stratocratie », etc., peu importe les labels, un groupe séparé de la société civile règne sans partage reproduisant à nouveau cette césure historique que la révolution communiste était censée confondre pour l'éternité !

4. *La société ouverte*, p. 101.

III. — L'utopisme

Le mal totalitaire surgit lorsqu'à la prophétie historiciste s'ajoute un plan rationnel de réorganisation de la société. Il est vraisemblable que le concept poppérien d'utopisme ait suggéré à son compatriote Hayek celui de « constructivisme ». L'un et l'autre désignent, en effet, la volonté d'un individu ou d'un groupe de refondre totalement la société à partir d'un dessein prémédité, d'une vision préconçue de l'ordre social.

Ainsi s'explique sans doute la différence de traitement qu'établit Popper entre Platon et Marx. L'historicisme « essentialiste » de Platon a pour corrélat naturel un projet cohérent d'établissement d'une Cité idéale. Alors que l'historicisme « fataliste » de Marx a plutôt pour conséquence ce que Popper nomme une « obstétrique sociale », c'est-à-dire un simple accompagnement des lois qui, inéluctablement, conduisent le capitalisme à sa chute.

1. **L'activisme régressif de Platon.** — La congruence est exemplaire entre l'historicisme de Platon selon lequel « tout changement dans l'organisation sociale ne peut être que corruption et dégérescence » et le programme qu'il conçoit en vue d'interrompre le cycle fatal de la décomposition sociale. Platon croit à la possibilité d'interrompre le cours du déclin et « il s'efforce d'atteindre cet objectif en fondant un Etat exempt des maux dont souffrent les autres Etats, l'Etat parfait, celui de l'âge d'Or, l'Etat définitivement immobile »[5]. Platon a été l'inventeur d'une organisation totalitaire dont chaque rouage tend à pérenniser la primauté de l'élite sur la masse et à éviter que des changements en son sein précipitent à nouveau la société parfaite vers l'intolérable tourmente de la société ouverte. Préserver la cohésion

5. *La société ouverte*, t. I, p. 26.

intellectuelle et fonctionnelle de la classe dirigeante : telle est la raison d'être du système utopique forgé par Platon.

• Il convient, tout d'abord, d'éliminer tout risque de division au sein de la caste des « gardiens » et des « guerriers » qui a vocation, selon Platon, à diriger l'Etat et à subjuguer « le troupeau humain ». Afin d'éviter la renaissance des rivalités économiques, il prône l'abolition de la propriété privée et le communisme des biens sur le plan interne, l'autarcie économique et le protectionnisme commercial sur le plan externe. De même, afin d'épargner à la Cité future la renaissance des rivalités claniques, il étend le principe collectiviste à la vie privée et recommande la dissolution des cellules familiales. De cette manière, chaque membre de l'élite n'étant plus relié à une famille particulière se considérera comme membre d'un seul et même lignage.

• Il convient, ensuite, de préserver une stricte ségrégation sociale entre les classes supérieures et les classes inférieures de la société. La Cité de Platon suppose le monopole du pouvoir par la caste dirigeante tandis que la « tourbe » n'a d'autre mission que de pourvoir aux besoins matériels de l'élite. Pour que cet équilibre naturel dans la distribution des tâches ne soit pas rompu, Platon préconise un strict eugénisme. Au sommet de la Cité, tout doit être mis en œuvre pour préserver la pureté raciale des gardiens et des guerriers. Platon n'hésite pas à préconiser un « élevage intensif », comparable à celui des chiens de race, afin de sélectionner les éléments les plus purs et de régénérer périodiquement le tissu conjonctif de la classe dirigeante. Au bas de la Cité, Platon recommande de la même manière un contrôle strict des naissances afin d'éviter une reproduction excessive des classes dominées. Entre les deux classes, aucune passerelle n'est permise, le métissage social ne pouvant qu'altérer l'unité de l'élite.

• Il convient, enfin, d'établir un système éducatif garantissant en dernière instance la supériorité de la classe dominante. Partant de l'idée que le développement de l'esprit critique ne peut que réintroduire le germe de la division, Platon énonce deux préceptes complémentaires. D'une part, il recommande que l'éducation des dirigeants soit tardive et n'intervienne qu'à un âge où les membres de l'élite ont perdu le goût de la discussion. D'autre part, il invite l'autorité à exercer une censure vétilleuse sur les activités intellectuelles de la classe dirigeante et à distiller une propagande impérieuse afin de façonner et d'unifier l'idéologie de ses membres.

L'utopisme de Platon culmine, selon Popper, dans sa conception de la Justice. Est « juste » ce qui contribue à pérenniser le pouvoir de l'élite. Est « injuste » ce qui risque d'attenter à la stratification naturelle de la société. Platon est à l'origine de ce « positivisme moral » qui fait de l'Etat l'étalon de la justice et de la moralité.

2. **L' « obstétrique sociale » de Marx.** — A la différence de Platon, Marx n'a pas été l'inventeur d'une « technologie utopiste ». Il a été bien davantage un prophète qu'un homme d'action. Cela apparaît clairement dans les buts finalement modestes qu'il assigne à l'activité politique : « Cette action, écrit Popper, ne peut qu'abréger la période de gestation de cette société meilleure et réduire les souffrances de son enfantement ; nous sommes ici au nœud du problème, au point essentiel de divergence entre la doctrine historiciste et la méthode de l'ingénierie sociale »[6]. Il s'agit moins ici d'un « activisme » conséquent que d'une « obstétrique » sociale, l'action des hommes ne faisant qu'accompagner les contradictions objectives

6. *La société ouverte*, t. II, p. 85.

et les violences de classe qui sont, en dernière instance, les véritables « accoucheuses » de la société nouvelle.

A l'origine de cette conception finalement timorée de l'activité humaine, Popper distingue une incompréhension durable du Politique en tant qu'instance de régulation de l'ordre social. La scène politique, en tant qu'espace concret où se nouent et se dénouent les conflits d'intérêt, est toujours seconde par rapport à cette scène historique abstraite où sont censés se jouer les grands drames sociaux. Il échappe totalement à Marx que l'Etat puisse être autre chose qu'un commis de la classe dominante, qu'il puisse être par exemple une instance régulatrice ou correctrice. Cette conception limitative du Politique n'empêche point la doctrine de Marx de présenter de dangereuses ambiguïtés sur deux questions décisives : le rôle assigné à la violence, d'une part, la qualification de la démocratie, d'autre part.

• L'inéluctabilité de la violence. Popper s'emploie à mettre en évidence l'ambiguïté exemplaire du texte marxien. Celui-ci peut donner naissance, en effet, à deux interprétations, l'une « extrémiste », l'autre « modérée ». Selon la première, la révolution est inéluctable du fait des contradictions qui sapent le mode de production capitaliste et des conditions d'existence intolérables qui sont faites aux travailleurs. Il en découle que les forces révolutionnaires doivent adopter une attitude offensive et considérer la « violence » comme le préliminaire obligé de la transformation de la société. Selon la seconde conception, il n'est pas exclu que des réformes partielles soient obtenues dans le cadre du système capitaliste, créant par là même le risque d'une contre-offensive de la part de la bourgeoisie. Il en découle une attitude défensive des forces progressistes qui ne recourront à la force qu'en réplique à une attaque préalable des forces réactionnaires. Dans le premier cas, la violence ouvrière est l'accoucheuse de la nécessité historique, alors que dans le second elle n'est plus qu'un « possible » lié à l'attitude de la bourgeoisie. Or, constate Popper, « la thèse des extrémistes me paraît cependant la seule conforme avec les idées de Marx », et il ajoute : « Cette prédiction d'une révolution éventuellement violente me paraît l'élément de loin le plus néfaste du marxisme. » La théorie historiciste selon laquelle le capitalisme « creuse sa propre tombe » et aiguise sans cesse l'antagonisme qui l'oppose à ses futurs « fossoyeurs » appelle nécessairement un affrontement pathétique, une « lutte finale » dont l'enjeu sera le basculement vers une société meilleure.

• La disqualification de la démocratie. « Il n'y a que deux formes de gouvernement : la démocratie ou la tyrannie. » Selon Popper, le critère de la démocratie réside moins dans l'existence d'un pouvoir représentatif de la majorité que dans la possibilité offerte à la minorité d'accéder à son tour au pouvoir sans recourir à la violence. Or, là encore, l'historicisme marxien lui semble doublement attentatoire à la règle démocratique. Tout d'abord, s'il n'est pas étranger à Marx que dans certaines conditions historiques la classe ouvrière peut accéder au pouvoir pacifiquement, il semble, en revanche, lui échapper que les porte-parole de cette classe nouvellement majoritaire puissent accorder à leurs adversaires malheureux un droit inconditionnel à la revanche. Or, poursuit-il, une majorité qui refuse à la minorité le droit à l'alternance et menace d'anéantir ses rivaux fournit à ceux-ci l'argument d'une réaction violente. De manière plus générale, la théorie marxienne de l'Etat entretient les pires ambiguïtés autour du concept de démocratie. La distinction toute platonicienne qu'établit Marx entre l' « essence » de l'Etat, à savoir la dictature de classe, et l' « existence » de l'Etat, à savoir son régime constitutionnel, le conduit à ne voir que des différences de degré entre la monarchie, le fascisme ou la république parlementaire là où existent, en fait, des différences principielles. Chaque type de régime référant nécessairement à une « essence » unique, l'oppression capitaliste, il n'y a pas lieu de distinguer entre la tyrannie et la démocratie si l'on veut définitivement détruire les racines du mal. Or, selon Popper le dilemme démocratie-tyrannie précède toujours en importance le dilemme capitalisme-socialisme.

CHAPITRE V

LA LOGIQUE DESTRUCTRICE DU PROGRAMME TOTALITAIRE

Popper n'hésite pas à pratiquer à l'endroit de l'expérience totalitaire la méthode qu'il enseigne à l'usage des sciences naturelles ou sociales. Il considère, en effet, le totalitarisme comme une hypothèse d'organisation de la vie sociale qu'il convient, comme n'importe quelle autre hypothèse scientifique, de soumettre au principe de réfutation. Là encore, il ne s'encombre guère de références historiques mais mobilise, à l'inverse, toutes les ressources du raisonnement socratique pour dresser ce qui constitue certainement l'une des plus brillantes « réfutations » du totalitarisme. Selon Popper, ce dernier est doublement « faillible » : il l'est, tout d'abord, dans sa prétention intellectuelle à une intelligibilité absolue de l'histoire, il l'est, ensuite, dans sa prétention matérielle à une transformation radicale de l'ordre social antérieur. Son aspect le plus funeste apparaissant, cependant, dans une sorte de « positivisme moral » qui le conduit à détruire toute trace de pluralisme au sein de la société.

I. — L'obstacle intellectuel : l'incomplétude du savoir humain

L'un des caractères essentiels de la pensée totalitaire est de revendiquer pour elle-même une capacité à prophétiser sans risque d'erreur l'avenir ou le devenir des formations sociales. Si tout historicisme ne conduit pas inéluctablement au totalitarisme, tout totalitarisme, en revanche, transite par le prophétisme. Cette prétention est doublement infondée.

• Tout d'abord, la plupart des doctrines prophétiques reposent sur une extrapolation douteuse dans l'ordre de la prévision historique des méthodes et des procédures imputées aux sciences dites exactes. La tâche des sciences de la nature, en effet, n'est pas de fournir des « prophéties inconditionnelles » mais seulement des « prédictions conditionnelles ». Il existe, certes, des systèmes clos, stationnaires, récurrents qui, à l'image du système solaire, fonctionnent mécaniquement et autorisent, par conséquent, des anticipations certaines. Il est possible de prévoir avec un extrême degré de précision le passage d'une comète ou la tenue d'une éclipse. Mais telle n'est point l'hypothèse dominante. En règle générale, il est seulement loisible au savant d'énoncer des « prédictions conditionnelles », c'est-à-dire des propositions déduites de lois plus générales et assujetties à des conditions initiales elles-mêmes changeantes et complexes. Il lui est pratiquement interdit, en revanche, de bâtir des hypothèses de longue durée qui bénéficieraient d'emblée d'un privilège d'élucidation.

• Ensuite, il n'existe point de loi d'airain de l'évolution des sociétés humaines qui permettrait d'expliquer à partir d'un principe univoque la totalité des transformations intervenues en leur sein depuis les origines de la civilisation. De la même manière, Popper se montre extrêmement perplexe à l'égard des théories qui, à défaut d'admettre une règle de développement, s'emploient à distinguer des « tendances » durables, stables et homogènes dans l'histoire des sociétés humaines. Pour Popper, il est illégitime de raisonner en termes de tendances si l'on entend par là de simples succédanés de lois universelles. En revanche, il peut être utile d'en appeler à des « tendances » si on les considère plus modestement comme des « assertions singulières », relatives à des périodes ou à des espaces datés, et si on leur conjoint des « conditions initiales » elles-mêmes évolutives. Les « tendances » ne sauraient être l'équivalent dans les sciences sociales de ce que sont les « probabilités » dans les sciences physiques.

• Le doute majeur qu'entretient Popper à l'égard des savoirs totalisants permet de mieux comprendre la tâche apparemment subalterne qu'il assigne aux sciences sociales lorsqu'il leur demande de prévoir les conséquences imprévisibles ou indésirées de nos actes. Pour lui, en effet, les prévisions dans le domaine des sciences sociales sont nécessairement limitées puisqu'elles s'adressent à un milieu naturellement changeant et volatile au sein duquel prédomine l'imprévisibilité. Il en veut au demeurant pour preuve l'impossibilité dans laquelle se sont trouvées les sciences occidentales à prévoir un phénomène aussi massif que le totalitarisme moderne. Au fond, Marx aurait été le grand esprit de son siècle si, au lieu d'énoncer une loi irrésistible de transformation de la société capitaliste, il s'était demandé comment les principaux acteurs de la vie sociale réagiraient aux évidents méfaits de l'accumulation primitive du capital.

A la lumière des critiques qu'il adresse aux sciences sociales, on comprend mieux l'allergie profonde qu'éprouve Popper à l'endroit des modes de penser totalitaires pour lesquels la société est intégralement transparente aux sollicitations agressives de la raison. Le drame du totalitarisme est qu'à sa prétention à une raison absolue de la pensée il ajoute la plus extrême déraison dans l'ordre de la pratique.

II. — L'obstacle matériel : la dégradation de l'idéal primitif

Selon Popper, il n'est même pas besoin de solliciter l'expérience de l'histoire pour se convaincre de l'absurdité du totalitarisme. Le simple raisonnement logique suffit à mettre en valeur les paradoxes auxquels il se heurte et qui, inévitablement, parasitent ses ambitions initiales.

1. **Le premier paradoxe atteint les auteurs même du processus révolutionnaire.** — Si l'on considère la révolution comme l'acte fondateur par excellence et le révolutionnaire comme l'innovateur absolu qui non seulement fait « table rase » du passé mais reconstruit, ensuite, une société totalement inédite, on doit admettre que les acteurs de la révolution font eux-mêmes partie du paysage social à bouleverser. Une authentique « révolution » impliquerait, par conséquent, l'anéantissement physique des membres de la société à transformer et l'émergence d'une génération radicalement neuve ! Même les Khmers rouges du Cambodge qui figurent certainement parmi les « révolutionnaires » les plus conséquents de la période contemporaine n'allaient pas jusqu'à envisager leur propre destruction. De ce point de vue, le « révolutionnaire » le plus cohérent de ce siècle serait peut-être Che Guevara pour lequel la révolution se consommait en quelque sorte dans l'acte révolutionnaire et qui, alors que la « révolution cubaine » s'installait et se normalisait, délaissait les honneurs et poursuivait le combat libérateur dans les maquis boliviens. Pour Popper, c'est plus du côté du « blanquisme » que du « stalinisme » qu'il convient de rechercher les figures les plus proches de l'idéal révolutionnaire.

2. **Le second paradoxe atteint les structures sociales qui forment l'enjeu du processus révolutionnaire.** — Le totalitarisme part, en effet, de l'idée qu'on ne

peut changer aucun phénomène particulier de la société si on ne s'astreint, au départ, à bouleverser la totalité de cette société. Là où le « réformiste » croit à une modification graduelle et progressive, le « révolutionnaire » exalte une transformation globale et brève de l'ordre social. Or, là encore, le projet utopiste ne résiste pas à l'épreuve des faits :

- D'une part, il se greffe obligatoirement au départ sur l'ancienne société avec ses institutions, ses traditions, ses mentalités ancrées parfois depuis des millénaires et qui ne sauraient disparaître comme par enchantement.
- D'autre part, l'ancien système perdure nécessairement, obligeant le nouveau régime à des reculs, à des réajustements ; s'il est toujours possible de bouleverser assez rapidement les « superstructures » politiques et institutionnelles d'une société et de substituer, par exemple, une république à une monarchie ou une démocratie soviétique à un empire tsariste, il est beaucoup plus délicat de modifier précipitamment ses « infrastructures » économiques et techniques et plus encore ses traditions sociales et culturelles ; le « maoïsme » l'avait, à sa manière, compris lorsqu'il énonçait que les rapports de production capitaliste et les modes de pensée individualiste continuaient de prospérer après l'établissement du nouveau régime et qu'il faudrait sans doute « plusieurs révolutions culturelles » pour que sème, enfin, en Chine une authentique génération révolutionnaire.

3. **Le troisième paradoxe frappe, enfin, les actes qui sont censés détruire l'ancien et bâtir le neuf.** — La prétention « holiste » à une réorganisation générale de la société se heurte, là encore, à une double impossibilité logique. Sur le plan pratique, aucune instance, Etat, parti, *a fortiori* individu, n'est en mesure de maîtriser dans tous ses détails un projet de transformation générale, ni de contrôler la multi-

plicité anarchique de relations et d'interactions qu'implique une telle ambition. En outre, si toute intervention de l'Etat dans le corps social sécrète des effets inattendus ou indésirés qui ajoutent encore à la difficulté du « holisme », ces « effets pervers » seront d'autant plus destructeurs dans les pays totalitaires là où les changements envisagés grâce à la médiation de l'Etat sont massifs et où n'existent pas par définition les contre-feux légitimes susceptibles d'en limiter les conséquences. Sur le plan temporel, ensuite, une révolution requiert, en principe, du temps, or, la durée d'exécution du « Plan » en créant des difficultés imprévues et en faisant apparaître des problèmes nouveaux finit par altérer les objectifs initiaux et « par dégrader l'idéal primitif ». « Le système social doit continuer à fonctionner pendant qu'on le reconstruit ; l'extrémisme est fatalement irrationnel, car il est déraisonnable de penser qu'une transformation totale de l'organisation de la société puisse conduire tout de suite à un système qui fonctionne de façon convenable ; il y a toutes les chances que, faute d'expérience, de nombreuses erreurs soient commises »[1]. Un projet de type « holiste » est, par nature, ingérable, il ne peut qu'échouer devant la « complexité » et l' « indocilité » de la matière sociale.

La trajectoire sinusoïdale suivie par la plupart des Etats communistes confirme, aux yeux de Popper, l'impraticabilité de fait de la technique utopiste. La mise en œuvre immédiate et brutale du projet suscite de telles aberrations que des aménagements s'imposent rapidement. Popper prend à témoin les débuts de la révolution soviétique. Il remarque, ainsi, que l'établissement du « communisme de guerre », sorte d'utopie pratique, occasionne de tels dégâts que Lénine doit s'engager à observer une

1. *La société ouverte*, p. 135.

pause et à inventer une Nouvelle Politique Economique où les ressources de la « technique fragmentaire » sont à nouveau sollicitées (rétablissement d'un marché des produits agricoles, retour partiel aux stimulants individuels, hiérarchisation des salaires). Se refusant d'emblée à des expérimentations partielles qui permettraient de tester sans conséquences irréparables la validité de ses « hypothèses » stratégiques, l' « ingénieur utopiste » se condamne ainsi à ce que Popper appelle « la planification non planifiée », c'est-à-dire une politique d'expédients et de rectifications qui n'a plus qu'un lointain rapport avec le scénario initial. Tous les « systèmes utopistes » oscillent de façon endémique entre des « programmes holistes » qui satisfont verbalement au dogme et des « improvisations opportunistes » qui leur permettent de survivre.

On saisit mieux dès lors le rôle coagulateur joué par l'Idéologie dans les « sociétés utopistes ». A l'image du Mythe dans les « sociétés traditionnelles », ou du « stratagème » dans les constructions pseudoscientifiques, elle vise à pacifier en les occultant les contradictions qui ne manquent point de surgir entre la théorie et la pratique. Dans un pays d'obédience communiste, elle permet ainsi à la classe dirigeante de gérer les contrariétés qui apparaissent entre la « ligne » et la « réalité » en démontrant, par exemple, qu'une politique de collectivisation forcée des terres (« dékoulakisation » brutale des années 1930) ou, inversement, une politique de valorisation du « lopin de terre individuel », participent l'une et l'autre d'une logique révolutionnaire univoque et impeccable. L'évolution récente du communisme chinois ne peut que conforter l'argumentaire poppérien. Les hommes « réalistes » qui dirigent la Chine aujourd'hui ne manquent pas d'attribuer les « retards » de son économie aux illusions lyriques propagées à l'époque de la Grande Révolution culturelle prolétarienne. Mais en même temps, la référence inaltérable au « marxisme-léninisme » demeure le liant qui permet de sauver l'unité de la classe bureaucratique chinoise en impliquant dans un même destin le « prophète » Mao Tsé-toung et le « pragmatique » Deng Tsiao-ping.

En définitive, pour Popper, le clivage passe moins entre les « révolutionnaires » et les « réformistes » qu'entre deux catégories de « réformistes » : ceux qui s'acceptent comme tels et consentent à transformer la société « au coup par coup », ceux qui, en revanche, refusent de s'accepter en tant que tels et maintiennent coûte que coûte et au prix de gâchis immenses la fiction d'un projet millénariste.

III. — L'obstacle éthique : la négation du pluralisme social

Là git sans conteste la dimension la plus intolérable du totalitarisme. Il n'est pas seulement infondé intellectuellement et illusoire matériellement, il est surtout insupportable moralement, il tend à broyer méthodiquement tout espace de liberté.

1. **La spirale du dogmatisme.** — L'épistémologie est une fois de plus convoquée pour démonter la logique moniste de l'entreprise totalitaire. Il existe, aux yeux de Popper, un lien en quelque sorte consubstantiel entre l' « essentialisme » sous-jacent à toute pensée totalitaire et l'idéocratie vers laquelle celle-ci dévie inexorablement. Elle se fonde, en effet, sur une croyance de type eschatologique en l'existence de « fins ultimes », de « desseins généraux » qu'il serait possible d'atteindre par des moyens appropriés. Or, cette prétention est insupportable. Elle se heurte à tout l'acquis de la science qui proclame sans ambiguïté l' « impossibilité de déterminer des fins de manière scientifique » et ne peut donc

qu'échouer à tracer une ligne de partage claire entre deux « maquettes idéales » de société. De là naît le cycle fatal de l'intolérance. Dès lors qu'elle se refuse à la controverse et à l'arbitrage des faits, l'utopie se transforme en une croyance de nature religieuse qu'il convient de propager activement et de protéger contre toute altération. Lorsqu'un groupe, quel qu'il soit, s'arroge un monopole de proclamation de la vérité, il ne peut voir que des « ennemis » parmi ceux qui contestent ou tout simplement doutent de cette vérité.

A cet égard, Popper n'établit point d'abîme entre les « expériences totalitaires » et les « savoirs totalisants ». A côté de l'utopisme « inouï » des temps modernes (Hitler, Staline, Mao), il y a place pour une sorte d'utopisme « ordinaire » qui sévit notamment dans l'ordre de la pensée et dont l'expression la plus buissonnante réside dans la prolifération des écoles et des académies intellectuelles. La distance est ténue entre la certitude intellectuelle et le délire interprétatif qui s'évertue à clôturer la pensée, à s'enfermer dans des logorrhées protectrices et à fuir tout contact rationnel avec des courants de pensée différents. La dénégation d'autrui n'est-elle pas, en effet, commune à ces deux utopismes.

2. **La standardisation de la vie sociale.** — L'amoralisme inhérent à ce système de pensée se manifeste d'une autre façon. L'exécution d'un plan prédéterminé d'organisation de la société présupposant un contrôle social absolu dont la raison critique et l'expérience pratique révèlent l'impraticabilité, « le technicien utopiste » est conduit, sous peine de déchoir, à nier les difficultés qu'il rencontre. En particulier, l'application d'un projet global impliquant obligatoirement une multitude d'acteurs individuels dont les réactions sont en partie imprévisibles et incontrôlables, l' « utopiste » est conduit à « contrôler

l'élément personnel », volatile par nature, par des « moyens institutionnels », à imposer des comportements standardisés pour se convaincre de la docilité des individus. « La technique utopiste, écrit ainsi Popper, vise à saisir les positions clés et à étendre le pouvoir de l'Etat jusqu'à ce que l'Etat s'identifie presque à la société »[2].

3. **Le sacrifice des générations.** — Là réside peut-être l'aspect le plus choquant de la violence totalitaire. L'utopiste rejetant *a priori* la solution réformiste tend à présenter les gâchis considérables qui résultent de la mise en œuvre de ses fantasmes comme des maux inévitables et transitoires, comme des médiations obligées vers l'eden libérateur. Or, il n'est pas moralement tolérable de sacrifier ainsi des générations entières : « Toutes les générations sont éphémères, écrit Popper, toutes ont le même droit à être prises en considération, mais c'est envers incontestablement la génération présente et celle qui suit que nous avons les obligations les plus pressantes ; j'estime que ce dont nous sommes capables c'est de faire en sorte, à chaque génération, que la vie soit un peu moins redoutable et un peu moins inique. »[3]

Le tableau sans concession que dessine Popper de l'utopisme destructeur suscite cependant une interrogation. N'est-il pas possible d'imaginer des tentatives de reconstruction sociale qui n'emprunteraient pas pour autant la forme obsessionnelle du holisme totalitaire ? La réponse de Sir Karl est assurément positive : à cette réserve près que la technologie libérale lui semble la seule qui, actuellement, fournisse un cadre éprouvé, rationnel et humaniste à

2. *Misère de l'historicisme*, *op. cit.*, p. 70.
3. *Conjectures et réfutations*, p. 330.

l'évolution légitime de la société. Toute réforme de l'ordre social qui refuse de se soumettre au principe libéral se condamne un jour ou l'autre à la violence. Il n'existe pas de moyen terme entre la « raison » et la « révolution ».

Chapitre VI

L'ÉTERNELLE SÉDUCTION DE LA PENSÉE TOTALITAIRE

Soucieux de démonter les racines intellectuelles et les logiques autodestructrices de l'entreprise totalitaire, Sir Karl cherche également à comprendre pourquoi, en dépit des avancées exceptionnelles de la pensée critique, la tentation réapparaît périodiquement d'un ordre paternel, d'une société close. Il nous convie à explorer le tréfonds du phénomène totalitaire.

I. — Le conflit persistant des deux sociétés

Il faut revenir à la grande distinction établie par Popper entre la « société ouverte » et la « société close ». La « société close » est une société organique et immobile au sein de laquelle les individus n'effectuent pas de différence entre les lois de la nature et les prescriptions de la société, participent à des activités identiques et pensent en terme magique leur rapport au monde. La « société ouverte » est, au contraire, une société « laïque » qui sépare les phénomènes naturels et les conventions sociales, une société « libérale » qui accepte le libre développement des idées et des critiques, une société « différenciée » où les individus accomplissent des activités distinctes et spécialisées.

1. Il s'agit, sous la plume de Popper, d'idéaux-type au sens que Weber donne à ce terme, c'est-à-dire de simplifications volontairement outrées de la réalité que l'auteur extrapole à partir de l'évolution historique de la Grèce antique et qui lui semblent refléter des types durables d'organisation sociale. — Selon Popper, la « société close » n'est donc pas une chimère, une création artificielle de son imagination, mais un modèle établi à partir du fonctionnement extrêmement probable des premiers groupements humains. De la même manière, il combat l'interprétation de Toynbee selon laquelle l'Etat platonicien ne serait qu'une créature abstraite du philosophe grec. Selon lui, Platon est un utopiste réaliste qui cherche à « arrêter » le déclin des cités grecques et à les reconstruire sur le modèle nullement imaginaire de la société tribale.

2. L'affrontement qui, pour la première fois de l'histoire, se noue entre les partisans de la « société ouverte » et les partisans de la « société close » est une composante durable de l'histoire de notre civilisation. — Dans un premier temps, à la faveur du déclin de la démocratie athénienne, la « société close » a rapidement repris ses droits, mais les germes inédits de la pensée critique ont semé à nouveau. Le christianisme primitif, la Renaissance et la Réforme, le siècle des Lumières et les idéaux de 1789, autant de pierres d'angle sur la route qui conduit à l'établissement de la « société ouverte ». Pourtant, l'expansion de la démocratie ne détruit pas les racines de la tyrannie. Le « totalitarisme » moderne, même s'il n'est pas l'exacte réplique du « totalitarisme » ancien, n'est que l' « éternel épisode » d'un combat qui est apparu au ve siècle avant Jésus-Christ et dont les termes n'ont pas fondamentalement varié depuis lors. Popper exclut, bien sûr, toute éventualité de synthèse entre ces formes absolument antonymes. Il

n'est pas question que la « thèse » (la société close) et l'antithèse (la société ouverte) se fondent dans un troisième terme hégélien qui tout à la fois les subsumerait et les dépasserait. Il s'agit de types radicalement antagoniques, mutuellement insupportables même s'ils sont l'un et l'autre travaillés par des contradictions internes qui tendent à les détacher de leur principe vital.

3. A cet effet, on a parfois reproché à Popper de céder à la tentation historiciste. — La dualité « société close » - « société ouverte » et surtout le corrélat qui l'accompagne selon lequel la marche vers la « société ouverte » est irrésistible trahiraient une vision déterministe de l'histoire de la part d'un homme acharné par ailleurs à défendre une conception indéterministe de l'univers. Il est vrai qu'en apparence la pensée de Popper sur ce point n'est pas exempte d'équivoques :

- D'un côté, Popper ne croit nullement à la possibilité matérielle de restaurer de nos jours une sorte d'âge d'Or qui aurait prévalu à l'aube de l'humanité : « Il est vain de vouloir revenir à la prétendue perfection de la société close : ce rêve céleste ne se réalisera pas sur la terre », écrit-il dans *La société ouverte*, et il ajoute : « Quand on a goûté aux fruits de la raison, exercé ses facultés critiques et assumé le poids de ses responsabilités personnelles, on ne retourne pas à la magie tribale. »
- Mais de l'autre, Popper semble indiquer que l'approfondissement de la société ouverte n'est pas irréversible et dépend, aussi, de la capacité des hommes à en défendre le principe contre ses éternels adversaires : « L'interprétation rationaliste de l'histoire place son espérance dans les périodes où l'homme tente de gouverner au moyen de la raison, ses défenseurs ne se réclament pas d'une quelconque loi de progrès et savent que le mouvement dépend

de nous et disparaîtra s'il n'est pas défendu contre ses adversaires. »[1]

Le paradoxe n'est qu'apparent. Popper ne croit pas qu'on puisse arrêter le mouvement de l'histoire. Les sociétés qui s'y essaient, les sociétés totalitaires, ne sont, en réalité, que de mauvaises copies du grand Original qu'elles prétendent imiter. Très vite, elles se révèlent incapables de « fixer » le mouvement social et d'endiguer les forces centrifuges. Mais cela ne signifie pas que les sociétés ouvertes soient définitivement prémunies contre l'hydre renaissant du totalitarisme et que leurs habitants doivent renoncer à toute espèce de vigilance. C'est qu'au-delà de la conjoncture qui l'a vue naître ou des circonstances qui peuvent aider à sa renaissance, la société close conserve de puissantes racines non seulement dans la société mais plus encore dans l'esprit des individus.

II. — Les ferments durables du totalitarisme

C'est à une sorte de descente aux enfers que nous convie Karl Popper. Si la tentation totalitaire survit aussi bien à la progression pourtant spectaculaire du libéralisme, c'est qu'au-delà des terrains historiques qui peuvent la favoriser elle s'enracine dans des sentiments plus profonds, multiséculaires, qui, pour une part, sont liés à l'émergence de la société ouverte dans la Grèce antique et, pour une autre part, participent de notre nature, de notre structure biologique. La nostalgie de la société close, d'un côté, le besoin de régularité, de l'autre, tels sont pour Popper les deux ferments durables de cette séduction qu'exerce à travers les âges la pensée totalitaire.

1. *La société ouverte*, t. II, p. 214.

1. **La nostalgie de la société close.** — L'avènement de la pensée critique et humaniste dans la Grèce athénienne en même temps qu'elle ouvre des perspectives extraordinairement fécondes à l'humanité, éveille en son sein des sentiments de crainte, crée de manière générale une « tension de civilisation ». « Nous vivons dans une société sans père, écrit Popper, elle est la meilleure que l'histoire ait produite », elle n'annule point cependant dans l'esprit des hommes le souvenir de l' « état paternel » qui les enferme dans un cocon protecteur et qui les délivre du conflit et de l'insécurité.

La parenté est évidente entre la « tension » poppérienne et le « malaise » freudien : « Ce que j'appelle la tension de la civilisation, avoue d'ailleurs Popper, est assez voisin de ce dont traite Freud dans *Malaise dans la civilisation.* »[2] Popper n'a jamais caché son allergie à la théorie psychanalytique qu'il classe volontiers aux côtés du marxisme parmi les principaux systèmes clos de la pensée contemporaine. Il n'est pas indifférent, cependant, à certains aspects de l'anthropologie freudienne et il accepte à bien des égards l'homologie qu'établit Freud entre l'itinéraire personnel de l'individu et l'itinéraire collectif de l'humanité. Il estime, par exemple, que la trajectoire qui conduit de la société close vers la société ouverte ressemble à celle qui conduit l'homme de la petite enfance à l'âge adulte. Elle s'accompagne également de peurs, de tourments et parfois de tensions fortement régressives qui tendent à la rapporter à son point de départ et qui font à nouveau espérer aux individus les instants fusionnels de leur naissance ou les sécurités affectives de la « horde paternelle ».

« Cette tension de civilisation, remarque Popper, se manifeste encore de nos jours surtout en période

2. *La société ouverte,* t. II, p. 243.

de bouleversements sociaux. » Ainsi, les totalitarismes contemporains ont su mettre à profit les fragilités et les inexpériences des jeunes démocraties libérales européennes pour détourner en leur faveur les instincts les plus régressifs de l'âme humaine et réveiller chez les masses le fol et vain espoir d'une société une et indistincte. Tous les utopismes contemporains, à l'image du fascisme ou du communisme, annoncent à leur manière un nouvel éden social, un havre de paix et de bonheur, où l'individu, loin du désordre libéral, se fondra à nouveau dans le grand Tout de la société indifférenciée (communisme) ou de la communauté régénérée (national-socialisme). Il existe donc bien des conjonctures historiques dépressives, semblables toute proportion gardée à la dislocation des premières cités grecques, qui peuvent se révéler propices à la régression totalitaire, au vieux fantasme de l'unité sociale.

Popper ajoute que la nostalgie de la société close est, d'une certaine manière, réactivée à l'époque moderne par une tendance interne à la société ouverte qui tend à déporter celle-ci vers ce qu'il nomme la « société abstraite ». Il ne lui échappe pas, en effet, même si ses analyses demeurent sur ce point très furtives, que les tendances bénéfiques à l'émiettement des activités sociales et à l'individualisation des comportements s'accompagnent de tendances inverses à l'abstraction des relations sociales et à la dépersonnalisation des fonctions collectives. A la manière d'Orwell, il imagine dès 1942, « une société où les hommes ne se rencontrent jamais face à face, où les affaires sont traitées par des individus isolés communiquant entre eux par lettres et par télégrammes, se déplaçant en voiture fermée et se reproduisant par insémination artificielle », or, ajoute-t-il, « la société moderne lui ressemble déjà sur bien des points, dans une ville les piétons se croisent mais s'ignorent, beaucoup d'individus ont peu ou pas de contacts humains et vivent dans l'anonymat et l'isolement »[3]. Cette vision d'une « société abstraite » se surimposant peu à peu à la « société ouverte » et rouvrant ainsi des avenues inespérées à la tentation « paternelle » n'est pas sans rappeler les craintes qu'exprimait Max Weber devant la montée de la rationalisation. Lui aussi redoutait que celle-ci ne mène à une « routinisation » des conduites humaines et crée chez nos contemporains un sentiment de « désenchantement » à l'égard des « institutions rationelles-légales ». Cependant, à l'inverse de Max Weber, Popper n'en tire point argument pour célébrer les chefs charismatiques ! Il partage, à l'inverse, avec F. A. Hayek, cette idée que la société de liberté n'est pas une société paisible, qu'elle comporte des risques et qu'il appartient aux hommes de les affronter loyalement s'ils veulent rester libres.

2. **Le besoin de régularité.** — Chez Popper, il est rare que les productions durables de l'esprit, au-delà de leurs expressions historiques ou sociales, ne s'originent point dans des dispositions organiques ou biologiques.

Il semble, en effet, qu'au-delà de la nostalgie de la société close, il y ait, installé au plus profond du psychisme humain, un besoin récurrent de « régularité ». On retrouve ici l'influence exercée sur la pensée de Karl Popper par les travaux de K. Lorenz. L'attitude du jeune poussin qui, à peine sorti de sa coquille, se précipite vers sa mère... ou vers un « leurre » préparé par l'observateur, exprime, en réalité, une attente essentielle, commune à l'homme et à l'animal, liée à une exigence d'ordre et de sécurité. « Une de nos attentes fondamentales, écrit Popper, est la présomption de régularité. Elle est liée à une tendance

3. *La société ouverte*, t. I, p. 142.

innée à rechercher des régularités et au besoin d'en trouver ainsi que le montre le plaisir évident de l'enfant qui satisfait ce besoin »[4]. Or, ce désir de « régularité » qui permet à l'homme d'échapper à l' « anxiété » n'est pas sans déteindre sur ses pensées et ses actes.

• Il figure, tout d'abord, au principe même de la pensée dogmatique : « C'est notre tendance à rechercher la régularité des occurrences et à prescrire des lois à la nature qui est à l'origine du phénomène de la pensée dogmatique et plus généralement du comportement dogmatique. »[5] Selon Popper, cette tentation ne doit pas être trop hâtivement condamnée. A la racine de nos hypothèses et de nos théories il y a toujours une part de croyance dogmatique, c'est-à-dire une volonté légitime et positive de comprendre l'univers et de lui imposer des lois. L' « attitude dogmatique » se détache de la science lorsqu'elle prétend évincer des faits ou des expériences susceptibles de parasiter les schèmes établis initialement. L' « attitude critique », si elle tend elle aussi à « prescrire des lois à la nature », refuse, en revanche, de les déifier en les soustrayant *ab initio* à l'épreuve fatidique de la réfutation ou de la controverse.

• La « présomption de régularité » explique, de la même manière, l'écho durable qu'ont toujours rencontré les modes de pensée traditionaliste qui opposent, en règle générale, la solidité et la positivité des « traditions sociales » à la fragilité et à la versatilité des « actions humaines ». Popper s'est toujours défié du rationalisme lorsque celui-ci lui paraissait éreinter sans discernement le traditionalisme. Selon lui, les traditions offrent aux individus et aux groupes des points d'ancrage qui les prémunissent contre l'anxiété et qui sont, de ce fait, indispensables

4. *Conjectures et réfutations*, p. 81.
5. *Ibid.*, p. 83.

à toute vie sociale : « Nous serions inquiets, anxieux et insatisfaits et nous ne saurions vivre dans notre environnement social s'il représentait une part considérable d'ordre, s'il n'offrait de très nombreuses structures de régularité qui sont comme autant de points de repère pour nous, dans toute vie sociale, la tradition est nécessaire »[6]. En revanche, Popper se détache du traditionalisme, tel que Burke a tenté de le codifier au début du XIXe siècle, lorsque celui-ci exalte un ordre social immobile assujetti aux traditions. Pour lui, les traditions sont semblables aux théories. Elles témoignent des efforts légitimes de l'homme pour introduire de l'ordre dans un monde spontanément hostile et chaotique. Mais, comme elles, elles ne sauraient échapper à l'épreuve de la « discussion critique » et de la rectification. Il y a donc place pour « une théorie rationaliste de la tradition ».

On mesure mieux, dès lors, l'incidence de cette approche « organique » de la pensée sur l'interprétation du phénomène totalitaire. Si toute pensée de nature dogmatique ou traditionaliste n'induit pas obligatoirement une société totalitaire, le totalitarisme, en revanche, canalise sur un mode névrotique l'anxiété originaire de l'individu, le « sentiment de vide » qu'il ressent devant les « tensions de la civilisation ».

6. *Conjectures et réfutations*, p. 198.

TROISIÈME PARTIE

LA JUSTIFICATION PROCÉDURALE DE LA DÉMOCRATIE LIBÉRALE

La science et le libéralisme n'ont pas seulement une origine commune, l'émergence de la pensée critique au siècle de Socrate et de Périclès. Elles n'ont pas seulement une histoire commune, qui pour l'essentiel se résumerait au destin chaotique mais néanmoins prospère du rationalisme critique de l'Antiquité grecque jusqu'à la consolidation des grandes démocraties libérales du monde occidental. Elles n'ont pas seulement des ennemis communs en la « personne » des théories dogmatiques qui tentent d'emmurer les individus et les sociétés dans des interprétations définitives du monde. Elles ont également un mode de fonctionnement largement commun. Elles en appellent l'une et l'autre davantage à des « procédures » qu'à des « idéaux » pour réglementer, là la croissance du savoir, là l'organisation de la vie sociale. Popper n'a jamais caché que les maximes centrales du « rationalisme critique » valaient également pour l'administration des sociétés même s'il ne lui échappe pas que la « République des citoyens » n'est pas la copie conforme de la « République des savants ». Le libéralisme qui a ses faveurs est tout à la fois « négatif », « réformateur », « institutionnel ».

CHAPITRE VII

UN LIBÉRALISME NÉGATIF

« Si nous ne pouvons pas justifier rationnellement nos théories, ni même en démontrer le caractère probable, nous pouvons les critiquer rationnellement et nous pouvons distinguer les meilleures des pires. » Pour Karl Popper, la fonction vertueuse de critique et d'élimination qu'il assigne à la recherche scientifique vaut également pour l'administration de la société. Dans un cas, il s'agit moins d'atteindre une vérité absolue que d'identifier nos erreurs. Dans l'autre cas, il s'agit moins de promouvoir un idéal abstrait de société que de résoudre patiemment les maux dont elle souffre. Dans un cas comme dans l'autre, le primat accordé à la négation sur la proclamation permet d'améliorer le « rendement » de l'intervention humaine qu'elle s'exerce dans l'ordre de la pensée ou dans l'ordre de la société.

I. — L'élimination des controverses fondatrices

Il semble qu'à l'origine du libéralisme d'élimination cher à Karl Popper il y ait une hostilité ancienne et principielle à l'endroit d'une attitude intellectuelle qu'il nomme l' « essentialisme méthodologique ». Il importe, par conséquent, d'effectuer un bref détour par la philosophie si l'on veut saisir correctement les raisons qui poussent Sir Karl à fixer à l'entreprise politique des objectifs aussi modestes. Dans son autobiographie, Popper déclare que la méfiance à l'égard de l'essentialisme a constitué sa première expérience philosophique. Selon lui, l'essentialisme désigne cette déviation de la pensée dont il attribue la paternité intellectuelle à Platon et à Aristote et la résurgence à Husserl et à la phénoménologie qui invite le philosophe ou le savant à quérir derrière chaque « chose » ou chaque « phénomène » une « essence cachée » qui en constitue tout à la fois le principe vital et l'horizon exclusif. Or, ajoute-t-il, cette « méthode » a causé d'insignes dommages au développement de la pensée :

- Elle a partie liée, tout d'abord, à une conception absolutiste de la connaissance en vertu de laquelle il existerait au principe de toute chose une source « sûre et immaculée ».

- Elle détourne, ensuite, la curiosité légitime du savant à l'endroit des phénomènes de la nature ou de la société vers le problème de leur origine ; elle transforme ainsi les hommes de science en généalogistes qui ont moins en charge l'étude concrète des phénomènes que la découverte du foyer qui les anime et les imprime de manière indélébile.

- Elle aboutit, enfin, à accorder une importance tout à fait excessive et à la limite obsessionnelle au problème de la définition et de la signification des mots. Au fond, l'essentialisme est aussi cette attitude qui consiste à hypostasier des mots, chaque substantif (« Etat », « Démocratie », « Physique », « Mathématiques », etc.) étant censé renvoyer à des contenus pleins, exhaustifs et définitifs. L'obsession de la définition, du *framework*, a toujours semblé à Popper un exercice dérisoire : « Abandonner, écrit-il, les vrais problèmes au profit des problèmes verbaux, c'est encore la voie la plus certaine de la perdition intellectuelle. »[1]

Le péché le plus grave de l'essentialisme reste, par conséquent, cette confusion qu'il entretient délibérément entre les questions d'origine ou de provenance et les questions de validité ou de vérité. A l'inverse, le « rationalisme critique » se réclame d'un nominalisme modéré qui figure, en quelque sorte, l'antonyme de l'essentialisme : « Le nominalisme, écrit ainsi Popper, soutient que la science n'a pour tâche que de décrire le comportement des phénomènes en introduisant librement des termes nouveaux et en redéfinissant les termes avec une indifférence complète pour leur signification originelle. »[2] Là où l'essentialisme érige en axiome ce qui, précisément, fait problème, le nominalisme cherche d'abord à résoudre des problèmes avant de s'attacher à des définitions qui, de toute manière, demeurent précaires et révocables. Or, poursuit Popper, « si le nominalisme méthodologique a été victorieux dans les sciences naturelles, l'essentialisme a l'avantage dans les sciences sociales. »[3] Il est tout spécialement luxuriant dans la « science politique » et dans la « philosophie politique » où depuis des siècles il modèle les réflexions dominantes consacrées à la Cité.

• D'une part, l' « essentialisme méthodologique » tel que Platon l'a codifié en son temps a constamment privilégié le problème « noble » de l'origine et de la nature du pouvoir politique aux dépens d'une réflexion présumée « roturière » sur l'organisation concrète des sociétés politiques et les performances respectives des différentes tentatives de structuration de l'espace social. Alors que des termes tels que « démocratie », « république » ou « tyrannie »

1. *La quête inachevée*, p. 34.
2. *Misère de l'historicisme*, p. 27.
3. *Ibid.*

devraient être considérés comme de simples prédicats inférant des modalités particulières d'organisation de la Cité, ils deviennent, sous la plume de l'essentialisme, de pures essences référant invinciblement à des contenus immuables. L'allergie à la généalogie politique explique pourquoi Popper a toujours révoqué en doute les thèses d'obédience contractualiste visant à fonder le lien politique sur une reconstruction intellectuelle du passage de l' « état de nature » à l' « état de société ». On lui objectera, cependant, qu'à l'époque où elles ont été énoncées, les théories du contrat social ont activement contribué à l'essor des idées libérales, fournissant notamment aux adversaires du despotisme les outils intellectuels qui allaient leur permettre d'entamer de façon durable les légitimités théocratiques dont se prévalaient la plupart des monarchies européennes. Comme quoi, une doctrine superfétatoire sur le plan de l'analyse logique des sociétés peut, dans certaines circonstances, se révéler fort utile au développement de la société ouverte !

- D'autre part et surtout, l' « essentialisme méthodologique » n'a pas été sans stimuler cette déviation caractéristique du « rationalisme utopiste » qui consiste à déterminer les « fins dernières » de l'organisation sociale avant de définir les « moyens appropriés » à leur réalisation et de rechercher un consensus social autour de ses objectifs. C'est ainsi que des doctrines par ailleurs très diverses s'évertuent à distinguer un « bien commun » ou une « cité idéale » avant d'envisager les montages qui permettront de faire passer la « maquette initiale » de l'état de « prototype » à l'état de « machine » permettant de faire fonctionner le tout social. Prétention funeste !

D'une part, en effet, elle se heurte à tout l'acquis de la science qui proclame sans ambiguïté l' « impossibilité de déterminer des fins de manière scientifique », il n'existe donc pas de procédure argumentative, encore moins de critère sûr, permettant d'effectuer un partage pertinent entre deux conceptions différentes de l'origine ou de la nature d'une société ; à privilégier de tels questionnements, qu'est-ce que l'Etat ?, qu'est-ce que la Démocratie ? quelle est l'essence du Politique ? La philosophie politique se condamne à de vaines théorisations et à des controverses scolastiques.

D'autre part, la théorie des « fins ultimes » n'est pas innocente et peut parfaitement commercer avec une conception exclusiviste de l'action politique ; les notions de « bien commun » ou de « société idéale » étant de simples artefacts idéologiques, elles ne peuvent qu'être prescrites aux individus par les groupes dirigeants de la société ; il ne pourra donc s'agir, dans les faits, que de « dogmes », de « révélations » délivrés sur un mode impératif par les autorités politiques centrales, celles-ci s'arrogeant un monopole de définition et d'interprétation des buts de l'organisation politique.

Il est donc vain, selon Popper, d'espérer obtenir un consensus autour des fins dernières de l'ordre social. Le libéralisme présente justement cette vertu cardinale d'éviter l'impossible débat sur les fondements pour concentrer l'attention sur les souffrances et les violences qu'il convient concrètement d'éliminer.

II. — L'élimination de la souffrance

La démarche intellectuelle, commune au rationalisme critique et au libéralisme politique, consiste à inverser la priorité élaborée par l'utopisme et à privilégier les « méthodes » par rapport aux « buts ». Elle ne croit pas à la possibilité de dessiner au préalable une « maquette idéale », une esquisse parfaite de société d'où dériveraient ensuite des montages et des applications. Elle pense, en revanche, que des objectifs partiels ou intermédiaires peuvent utilement contribuer à l'amélioration des situations existantes indépendamment de tout plan prémédité.

Le libéralisme d'élimination aboutit obligatoirement à une conception modeste et limitative des buts de l'organisation politique, à une dévalorisation assez massive des projets collectifs au bénéfice des méthodes institutionnelles. Certes, Popper ne conteste pas le besoin pour l'homme politique de poursuivre des objectifs, voire de « chérir certains idéaux », mais, dans la mesure du possible, ces fins acceptables de l'entreprise politique doivent être énoncées sous une forme négative. Comme dans la découverte scientifique, les démarches d'interdiction sont les plus fécondes : « Il convient, écrit Popper, de travailler à l'élimination des maux concrets et non à mettre en œuvre un bien abstrait ; il ne faut pas chercher à instaurer le bonheur par des moyens politiques, mais au contraire à supprimer des maux biens réels »[4].

Là git peut-être le point nodal de la philosophie politique de Karl Popper qui par ses consonnances négatives n'est pas sans rappeler certaines argumentations de l'anthropologie hobbésienne fondant sur des raisons d'économie le passage de l'état de nature à l'état de société. Le texte poppérien fourmille, en effet, de locutions qui, loin des proclamations sonores chères aux professionnels de la politique, fleurent délibérément la modestie et le renoncement. « J'estime que ce dont nous sommes capables c'est de faire en sorte, à chaque génération, que la vie soit un peu moins redoutable et un peu moins inique. » « Eviter que le prix à payer ne soit trop lourd. » « Ne pas faire trop mal les choses. » « Les traditions démocratiques se révèlent les moins mauvaises. » « Eviter le pire. » L'homme politique doit savoir rabattre ses

4. *Conjectures et réfutations*, p. 526.

prétentions et raisonner en fonction des « possibles » plutôt que de rêver à tout prix la société.

Cette réserve exemplaire à l'égard des vertus créatrices des techniciens politiques n'exclut nullement un solide optimisme sur leurs capacités éliminatrices. « Il faut, écrit Popper, chercher à supprimer des maux bien réels. Il suffit de déterminer quel est le mal qui affecte le plus gravement et de s'efforcer patiemment de montrer à autrui la possibilité de l'éliminer. » Ainsi, il est clair que l'extension du chômage est aujourd'hui l'un des problèmes majeurs d'un gouvernement libéral. Or, personne ne sait au départ quelles médications permettront de guérir durablement le mal. En revanche, nous sommes tout à fait capables d'évaluer les résultats des politiques entreprises, de corriger celles qui paraissent les moins performantes et d'essayer de nouveaux traitements. Popper ne fait, là encore, qu'étendre à l' « ingénierie sociale » l'adage socratique qui lui tient tant à cœur : notre ignorance est illimitée, heureusement, notre capacité à éliminer l'erreur l'est également.

On objectera qu'il y a peut-être quelque naïveté à étendre mécaniquement au « champ politique » des principes rationalistes extrapolés prioritairement à partir du « champ scientifique ». Il ne lui apparaît pas que l'espace politique est devenu, à sa manière, une sorte de « marché » au sein duquel des « entrepreneurs politiques » entrent en concurrence pour occuper des positions de pouvoir et sont en quelque sorte entraînés dans des logiques de distinction et d'affrontement qui nuisent, précisément, à l'identification paisible et au règlement pacifique des « maux les plus tangibles de la société ». Actuellement, en France, il n'existe sans doute aucune formation politique qui ne considère le traitement du chômage comme l'une des priorités majeures d'un gouvernement. Et, pourtant, les acteurs du jeu politique n'inclinent guère à considérer sereinement les résultats des politiques précédentes et à débattre collectivement des solutions alternatives.

III. — L'élimination de la violence

« Je hais la violence » : toute l'œuvre de Karl Popper est parcourue par un pacifisme de principe qui explique pourquoi, à ses yeux, l'élimination des violences, qu'il s'agisse de la violence physique à l'endroit des individus ou de la violence psychique à l'égard des consciences, constitue la principale raison d'être d'une société libérale. En effet, si la démocratie est encore le système politique « le moins mauvais » c'est parce qu'il tend à neutraliser le recours à la violence. Négligeant les taxinomies sophistiquées de la philosophie politique traditionnelle, Popper distingue seulement deux sortes de régime : « ceux dont on peut se débarrasser sans effusion de sang » (la démocratie), « ceux dont les gouvernés ne peuvent se débarrasser que par une révolution victorieuse » (la tyrannie). Et il ajoute : « Le principe d'une action démocratique est l'intention de créer, de développer et de protéger des institutions destinées à éviter la tyrannie ; l'acceptation d'une politique, même mauvaise, tant qu'on peut s'employer à la modifier pacifiquement, est préférable à la soumission à une tyrannie si sage soit-elle »[5]. Là encore, la démocratie tire sa supériorité moins d'une « positivité » qui lui serait propre que des souffrances et des désordres qu'elle permet d'épargner aux individus et aux groupes. Popper est ainsi conduit à envisager de manière fort restrictive les usages légitimes de la violence au sein d'une société.

Il prend absolument en charge la tradition libérale admettant au bénéfice des peuples opprimés un droit de résistance à l'oppression. « Je ne suis

5. *La société ouverte*, t. I, p. 107.

pas systématiquement contre toute révolution violente, écrit-il, comme les penseurs chrétiens du Moyen-Age et de la Renaissance qui admettaient le tyrannicide j'estime qu'une pareille révolution peut se justifier. Mais à condition d'avoir pour unique objet d'instaurer la démocratie ». Le recours à la violence est donc parfaitement licite lorsqu'il s'agit de renverser une tyrannie qui ne laisse aucune chance raisonnable à ses adversaires d'accéder à leur tour au pouvoir. Il est une seconde hypothèse où Popper admet l'usage de la violence, lorsqu'une société libérale est menacée par des forces de destruction internes. C'est d'ailleurs là l'un des principaux paradoxes auxquels sont confrontées les sociétés de ce type : doivent-elles faire preuve de tolérance à l'égard des intolérants au risque de creuser leur propre tombe ou décider d'exclure les intolérants de la communauté politique au risque d'attenter aux principes du libéralisme ! La position de Popper est ici plus nuancée :

- Il estime, tout d'abord, que le recours à la violence ne pourra être envisagé qu'après épuisement de tous les modes de règlement pacifique des conflits. On retrouve là l'optimisme inhérent au rationalisme d'obédience socratique qui ne désespère jamais de convaincre quiconque de renoncer à la violence par la discussion et le raisonnement. « Tant que l'adversaire écoute, écrit ainsi Popper, argumenter n'est pas vain »[6], un authentique libéral n'hésitera donc jamais à dialoguer avec un adepte de la force si ce dernier accepte le principe de l'échange et s'il existe une chance raisonnable de le ramener à la raison. Au fond, pour Popper, un extrémiste qui accepte de discuter fait déjà un pas en direction de la société ouverte. « En revanche, ajoute-t-il, on ne peut avoir un débat rationnel avec un partenaire qui

6. *Conjectures et réfutations*, p. 523.

préfère vous abattre que de se laisser convaincre par vous. »[7]

• Même dans cette dernière hypothèse, l'usage de la violence par les forces libérales doit revêtir un aspect principalement défensif. Popper admet parfaitement les mobilisations de masse lorsqu'elles ont pour but de faire reculer l'ennemi et d'intimider ses troupes. Il cite en exemple les grèves défensives déclenchées par les syndicats allemands pour s'opposer au putsch Kapp en Bavière après 1920. Il s'oppose, en revanche, à la violence lorsque celle-ci de préventive devient offensive et risque, par conséquent, de fournir des arguments aux partisans d'une société tyrannique. Là réside peut-être le principal point de discorde avec la pensée de Marx et plus encore avec la pratique courante des partis communistes et même parfois de certains partis sociaux-démocrates. Quelle que soit l'intensité de l'exploitation capitaliste, elle ne doit jamais servir de prétexte à une action offensive des forces « ouvrières » risquant de déstabiliser les institutions libérales. Popper dénonce avec vigueur cette attitude propre à de nombreux communistes qu'il qualifie de « métaphysique du mal » et qui consiste à exciper des violences économiques du capitalisme pour justifier le déclenchement des violences révolutionnaires et la destruction d'une démocratie hâtivement requalifiée de bourgeoise. La démocratie libérale est, en effet, le seul cadre où il soit possible d'atténuer les souffrances économiques sans attenter aux libertés politiques et civiles fondamentales.

• De manière générale, Popper estime que les partisans de la société ouverte ne doivent jamais donner de « bonnes raisons » à leurs adversaires et créer ainsi des situations de « tout ou rien » qui ne peu-

7. *Ibid.*, p. 519.

vent que leur être préjudiciables. L'analyse qu'il fait de l'attitude des Juifs viennois entre les deux guerres est, à cet égard, tout à fait significative de la stratégie « minimaliste » qui est la sienne. Popper, en effet, justifie l'attitude de ses parents qui, bien que nés dans la religion juive, s'étaient faits baptisés à l'Eglise luthérienne avant la naissance de leurs enfants. L'assimilation était peut-être une « offense à l'égard du judaïsme organisé » qui invitait les juifs à relever la tête et à affirmer bruyamment leur identité. Mais, en même temps, au sein d'une société majoritairement chrétienne peu encline à l'indulgence à l'égard des Juifs, elle permettait de désamorcer les sentiments racistes. L'antisémitisme était un fait dans la société autrichienne des années 1930, point n'était donc besoin de l'attiser encore davantage. Entre deux maux, la réserve un peu honteuse du juif assimilé, d'une part, le déchaînement de l'antisémitisme, d'autre part, il était juste de choisir le moindre.

CHAPITRE VIII

UN LIBÉRALISME RÉFORMATEUR

Il était dans la logique du « négativisme » poppérien de prôner une conception plutôt réformiste de l'art de gouverner une société. Dès lors, en effet, que le « but » de l'action politique n'est plus de construire des plans afin de réaliser le bonheur de la société, mais d'identifier les maux les plus graves afin d'alléger la souffrance des hommes, il est naturel que la réforme, à condition d'être partielle et réversible, devienne l'outil privilégié de la transformation sociale.

I. — Une conception « prudentielle » de l'action gouvernementale

La pensée de Karl Popper n'est pas d'étoffe traditionaliste. Certes, il attache une grande importance aux traditions en tant que médiations éprouvées entre les institutions et les individus. Mais il n'en tire jamais argument pour s'opposer à la modification de l'ordre social lorsque celle-ci lui semble légitime. Le traditionalisme tel que Burke l'a codifié au début du XIXe siècle lui apparaît même comme une forme tout à fait nocive d'historicisme. Sa pensée est, en revanche, évolutionniste. Entre la tradition enseignée de manière fixiste et la révolution conçue sur un mode prophétique, il existe un moyen terme, l'évolution raisonnable et contrôlable de l'ordre social. Or, pour Popper, qui extrapole, là encore, à partir du canevas scientifique, seules les méthodes et les procédures de la démocratie libérale offrent un cadre approprié au perfectionnement des sociétés humaines. Amender sans révolutionner : telle est la maxime centrale de l'art politique selon Popper.

A cet effet, Popper a imaginé des vocables un peu ésotériques tels que *social engineering* ou *piecemeal engineering* qui ont reçu en France des traductions disparates et parfois contestables : « mentalité technologique », « technologie opportuniste », « technologie fragmentaire », « socio-technique », etc. Ecoutons l'avertissement de Popper et ne disputons point sur des mots ! Retenons plutôt l'idée maîtresse : s'il n'est jamais possible de reconstruire globalement un ordre social pour des raisons tout à la fois intellectuelles, matérielles et morales, il est toujours loisible aux hommes politiques de le réformer graduellement. A l'instar du savant qui avance de manière tâtonnante, procède par « essais et erreurs », expose ses « conjectures » à des « réfutations », le réformateur privilégie lui aussi des itinéraires souples et « choisit de réaliser ses fins par des ajustements et des réajustements limités qui peuvent être continuellement améliorés ». Tout l'art politique consiste dans ce que Popper appelle le « raccommodage fragmentaire », c'est-à-dire cette multitude de « petits réglages »[1] grâce auxquels les techniciens politiques parviennent à corriger les trajectoires et à gérer convenablement la société. Cette approche « opportuniste », qui n'est pas sans rappeler l' « incrémentalisme » cher à C. Lindblom, présente aux yeux de Popper d'insignes avantages :

- Elle repose, tout d'abord, sur des hypothèses réalistes. L'insuffisance du savoir collectif et la com-

1. *Misère de l'historicisme*, p. 68.

plexité de la vie sociale sont telles qu'il est toujours préférable de raisonner sur de petites entités et d'envisager à leur propos des mesures concrètes, réalisables et contrôlables. Il en est de même dans la science où l'intellection directe des totalités n'est jamais pertinente et où, seules, des expérimentations fragmentaires permettent de faire croître notre connaissance de l'univers.

• Elle accroît, par ailleurs, le degré de rationalité des politiques envisagées. Dès lors qu'elle procède par expérimentations partielles, graduelles et toujours révisables, la méthode « opportuniste » permet, de surcroît, d'évaluer plus précisément les conséquences de sa politique et d'en limiter ainsi les effets adventices. Il n'échappe pas à Popper que l'intervention de l'Etat dans le corps social sécrète des effets pervers. Mais il estime qu'à la différence de l' « ingénieur utopiste », l' « ingénieur opportuniste compare soigneusement les résultats attendus et les résultats obtenus », « est toujours à l'affût des conséquences non désirées mais inévitables de toute réforme », « est préparé aux mauvaises surprises et s'abstient si possible de toute réforme d'envergure »[2].

• Elle présente, enfin, de sérieux avantages en termes de pouvoir. « Il n'y a aucune raison intrinsèque, remarque en effet Popper, pour que cette méthode conduise à une accumulation du pouvoir et à la suppression de la critique. »[3] On retrouve là une corrélation chère au contempteur du totalitarisme : plus le « savoir » est disséminé au sein d'une société sous forme d'institutions, de sociétés de pensée et de contre-feux, moins le « pouvoir » a de chance de se déposer et de croître. Or, la « technologie fragmentaire », en donnant la priorité aux objectifs modestes

2. *Ibid.*, p. 68.
3. *Misère de l'historicisme*, p. 70.

et en imposant constamment des épreuves rectificatrices, déjoue plus efficacement les tendances objectives à la concentration technocratique du pouvoir de décision.

II. — La « théorie protectionniste de l'Etat »

Cette pédagogie de la réforme ne pouvait ignorer l'Etat. Empruntant selon son propre aveu au sophiste Lycophron, Popper énonce dans sa principale œuvre politique, *La société ouverte et ses ennemis*, ce qu'il dénomme une « théorie protectionniste de l'Etat » qui est tout à fait révélatrice de la méthodologie nominaliste qui lui est chère. Il ne s'agit en aucune manière de se prononcer sur la nature de l'Etat (erreur essentialiste) ou encore sur son origine (erreur historiciste) mais simplement de poser la question suivante : « Qu'attend-on d'un Etat ? Quel but juge-t-on légitime d'assigner à son activité. ? »[4] La réponse poppérienne tente de prendre en charge deux exigences contradictoires :

- Popper n'ignore pas, tout d'abord, les paradoxes de la liberté et il sait, par exemple, qu'un capitalisme sans entraves peut dégrader les conditions d'exercice des libertés individuelles ou collectives. Il partage avec Marx l'idée selon laquelle la liberté exercée de façon illimitée a nécessairement un caractère autodestructeur nécessitant par conséquent une intervention correctrice de l'Etat. La liberté absolue de la presse ou de la communication peut ainsi se tourner en son contraire et aboutir à un monopole de fait si aucune norme ne vient tempérer la concentration des entreprises de presse ou de communication.

4. *La société ouverte*, I, p. 96.

• Popper n'ignore pas, non plus, les dangers qu'il y a à favoriser la croissance de l'Etat et il s'est suffisamment instruit auprès des expériences totalitaires pour se convaincre des risques inhérents à toute intervention de l'Etat dans la société civile. « L'Etat est un mal nécessaire, écrit-il, il ne convient pas de multiplier ses pouvoirs », il faut, au contraire, fixer des bornes à son inévitable développement.

La « théorie protectionniste de l'Etat » prétend justement sortir de cette ambiguïté en s'efforçant de « déterminer la part exacte de liberté qui peut être laissée aux citoyens sans compromettre celle que l'Etat doit protéger »[5]. A cette fin, elle soumet l'intervention de l'Etat à deux principes complémentaires :

• Un principe de justice, tout d'abord. L'Etat doit ainsi s'assurer que « les restrictions de liberté nécessaires à la vie sociale soient réparties de manière égale entre tous les citoyens » et que le jeu spontané des rapports marchands n'aggrave pas au-delà du tolérable les inégalités entre les individus et les groupes. L'appui de l'Etat lui paraît absolument légitime lorsqu'il s'agit de contrôler les bastilles économiques et de protéger les faibles contre les abus des puissants. En 1942, Popper n'allait-il point jusqu'à écrire : « Le pouvoir politique est la clé de toute protection économique. Il faut lui assigner comme objectif général de rendre impossible toute forme d'exploitation des travailleurs découlant de leur situation d'infériorité économique, puis, allant plus loin, de garantir à tout citoyen désireux de travailler la possibilité de gagner sa vie. »[6]

• Un principe de contrôle, ensuite. Cette légitimation très « socialisante » de la régulation étatique s'accompagne immédiatement d'une seconde

5. *La société ouverte*, 1, p. 86.
6. *La société ouverte*, t. I, p. 85.

règle de nature correctrice. Suspectant, en effet, tout pouvoir de saisir le prétexte de l'égalité sociale pour étendre inconsidérément ses prérogatives, Popper n'accepte l'accroissement de ses compétences sociales qu'à la condition expresse d'augmenter corrélativement celles des organes chargés de le contrôler. Autrement dit, à toute extension de la direction économique de l'Etat doit correspondre une intensification comparable du contrôle politique de l'Etat. Dans une interview accordé en 1986 à la *Revue Economique*, Popper se déclare effrayé « par la prolifération cancéreuse de la bureaucratie », « elle est tyrannique à l'égard des citoyens et elle tétanise de peur ses propres agents, paralysant du même coup les régulations positives que ceux-ci sont censés assumer ».

Popper aime à répéter que « libéralisme et intervention de l'Etat ne sont pas contradictoires » et on mesure mieux à ce propos toute la distance intellectuelle qui le sépare de l'ultra-libéralisme de tradition hayékienne et *a fortiori* de l'utopie libertarienne chère à David Friedman ou Paul Nozick. Popper n'a jamais avoué de divergence significative avec son compatriote Hayek. Peut-être cette discrétion tient-elle au fait que c'est grâce à son entremise et à celle d'E. Gombrich qu'il a pu quitter la Nouvelle-Zélande et intégrer la London School of Economics de Londres où il devait enseigner la philosophie et l'épistémologie. Dans son autobiographie, il avoue à leur propos : « A eux deux ils m'ont sauvé la vie. » Il n'en demeure pas moins que le rationalisme critique n'est pas tout à fait du même métal que le spontanéisme hayékien. Pour Hayek, il existe une antinomie principielle entre l'intervention de l'Etat et l'économie de marché et en aucune manière le « mirage de la justice sociale » ne saurait justifier l'intrusion de l'Etat dans la répartition des richesses. Hayek n'a manifestement pas les indulgences de Popper, ni à l'encontre du « marxisme éthique », encore moins à l'égard des prétendus acquis sociaux de l'Etat-Providence, communisme et interventionnisme figurant pour lui deux formes jumelles de l'hérésie « constructiviste ». En revanche, Popper rétorquerait peut-être que le « marché hayékien », ignorant les paradoxes de la liberté, ressemble fort à une nouvelle ruse de la Raison dans sa prétention toute hégélienne à l'absolue transparence du rapport social.

III. — La fonction correctrice de la social-démocratie

L'attitude volontiers positive qu'a toujours adopté Popper à l'égard des partis et des idéaux sociaux-démocrates l'éloigne encore davantage des tendances les plus ultracistes de la pensée libérale. Ne dit-on pas que le chancelier Helmut Schmidt conseillait la lecture de ses œuvres aux cadres du Parti social-démocrate allemand !

• A l'origine de cette sympathie il y a, tout d'abord, la propre expérience personnelle de Popper dans la société autrichienne de son temps. Le marxisme n'exerça sur lui qu'une fugitive fascination. Il demeura en revanche durant de longues années dans la mouvance intellectuelle de la social-démocratie autrichienne, personnifiant ainsi une espèce alors fort rare, le socialiste anti-marxiste. Il faut dire cependant qu'au fil des ans ce qui était une véritable affinité intellectuelle s'est peu à peu transformé en un soutien négatif. Popper ne partageait pas la stratégie souvent « suicidaire » employée par les socialistes autrichiens pour contrer la montée de l'extrémisme de droite. Néanmoins, le Parti social-démocrate lui paraissait la seule force capable d'endiguer la marée brune et il n'était donc pas question de la fragiliser par des attaques intempestives. « Là où ils avaient pu se maintenir en Europe, écrit ainsi

Popper, les sociaux-démocrates constituaient la seule force politique qui fut encore capable de résister à la tyrannie. Je sentais que dans la situation qui était la nôtre, il ne fallait rien publier contre eux : publier une critique quelle qu'elle fut ne pouvait que les affaiblir. »[7] Popper attendra donc l'invasion de l'Autriche par les troupes nazies en 1938 pour éditer ses deux grands ouvrages politiques, *Misère de l'historicisme*, et surtout *La société ouverte et ses ennemis*. Auparavant, en effet, l'essentiel était, là encore, « d'éviter le pire » et de choisir le moindre mal.

• La sollicitude souvent manifestée par Popper à l'endroit de la social-démocratie ne se nourrit pas seulement de réminiscences personnelles ou de souvenirs historiques. Elle s'alimente à une interprétation volontairement sélective de la pensée marxiste qui prend soin de distinguer sa dimension humaniste de sa composante historiciste. La pensée de Marx lui apparaît, en effet, comme l'expression d'une protestation absolument justifiée contre les méfaits sociaux du capitalisme primitif : « L'ardente protestation de Marx contre de tels crimes, tolérés et même défendus à l'époque, non seulement par des économistes, mais aussi par des hommes d'Eglise, le place à jamais au nombre des libérateurs de l'humanité. »[8] Et plus loin Popper ajoute : « C'est ce radicalisme moral de Marx qui explique son influence et notre devoir est de le préserver. Le marxisme scientifique est bien mort. Mais le marxisme moral doit survivre. »[9] Or, la social-démocratie lui apparaît à bien des égards comme l'héritière de ce marxisme éthique même s'il lui arrive de se commettre dans un fatalisme répréhensible. Elle a pris en charge plus que nulle autre force la grande revendication de justice et

7. *La quête inachevée*, p. 162.
8. *La société ouverte*, t. II, p. 82.
9. *Ibid.*, t. II, p. 141.

d'égalité sociale. Elle a été à bien des égards l'inspiratrice des Etats-Providence qui se sont multipliés en Occident après 1945 et qui ont apporté de considérables améliorations au sort des couches les plus démunies.

• Il semble, cependant, que le libéralisme poppérien se soit, dans la dernière période, à nouveau disjoint de ses hérédités social-démocrates. D'une part, la revendication égalitaire lui semble moins légitime que naguère lorsqu'elle avait pour but d'arracher à la misère la plus noire des centaines de milliers d'hommes. La passion de l'égalité n'est plus aussi noble lorsqu'elle a pour ressort davantage l'envie que la survie. D'autre part, il semble lui échapper que si les inégalités ont décliné dans les sociétés occidentales elles se sont, en revanche, ravivées entre les pays riches et les pays pauvres. La pensée de Karl Popper a été de tout temps « occidentalocentriste », non d'ailleurs qu'il cherche à fonder une « supériorité » de l'Occident sur le reste du Monde mais plutôt par une sorte d'indifférence à l'égard des problèmes du développement. La question du « Tiers Monde » constitue à n'en point douter l'un des principaux impensés de la réflexion poppérienne.

CHAPITRE IX

UN LIBÉRALISME INSTITUTIONNEL

La société politique telle que la conçoit Karl Popper est un peu à l'image du monde, elle est à mi-chemin de l' « horloge » et du « nuage ». D'un côté, elle peut être représentée comme un ensemble complexe, mouvant et sans cesse recommencé d'interactions entre des personnes, des institutions et des traditions. Mais, en même temps, sous l'influence bénéfique de la pensée critique et des réalisations sociales qu'elle a suscitées, elle s'est progressivement dotée d'institutions régulatrices qui introduisent davantage de rationalité dans les choix collectifs et qui ne sont pas sans rappeler les mécanismes autocorrecteurs chers à l'analyse cybernétique.

Il y a place dans la pensée de Popper pour une théorie partielle de l'institution qui s'exprime à travers trois considérants complémentaires et qui éclairent, là encore, son allégeance personnelle à l'endroit de la démocratie libérale :

- Il existe, tout d'abord, une dialectique naturelle entre les « institutions » et les « personnes », les premières ne valent que par les individus ou groupes qui les contrôlent, il n'existe donc pas d'institutions qui se révèlent *a priori* plus vertueuses que d'autres : « Les institutions, aime à rappeler Popper, sont comme des forteresses, elles ne sont efficaces que si elles ont des garnisons convenables. » Il convient d'ajouter que Popper emploie toujours le terme institution dans son acception la plus extensive ; pour lui, une institution est une configuration plus ou moins complexe de « fins » et de « moyens », autrement dit, une « épicerie » ou une « compagnie d'assurance » seront des institutions au même titre qu'une « police » ou un « syndicat ».

• Il découle de cela que les institutions sont fondamentalement « ambivalentes » et qu'elles peuvent parfaitement accomplir des fonctions exactement inverses à celles qu'avaient prévues leurs fondateurs. Popper rappelle par exemple les notations de Dickens remarquant les changements intervenus dans le fonctionnement des internats britanniques. Plus concrètement, cela signifie qu'une institution à vocation libérale peut se tourner en son contraire et qu'une institution à vocation tyrannique peut être utilisée dans un sens libéral. Les « commissions ouvrières » créées sous le régime franquiste correspondaient à l'idéal corporatiste cher aux phalangistes espagnols, elles sont devenues le levier d'une réorganisation démocratique de la classe ouvrière ibérique.

• De la même manière, aucune institution ne pourra être réputée souveraine. D'une part, la souveraineté absolue est un leurre, « aucun pouvoir ne pourra jamais être sans contrôle tant que les hommes resteront les hommes, même le plus puissant des tyrans dépend de sa police secrète, de ses hommes de main et de ses bourreaux ». Surtout, la souveraineté produit des effets paradoxaux, principalement lorsqu'elle est associée à l'idéologie démocratique. Rien n'empêche *a priori*, une assemblée ointe du suffrage universel et disposant de la plénitude du pouvoir de prendre des mesures liberticides, voire de déléguer ses compétences à un dictateur ; plus d'une fois dans l'histoire il est arrivé que les élus du peuple se jettent dans les bras d'un sauveur !

La prise en charge de toutes ces logiques hétérogènes et paradoxales conduit Popper à formuler comme l'esquisse d'une « doctrine institutionnelle » qui renvoie là encore à une conception originale et volontairement modeste de la démocratie libérale.

• Il importe, tout d'abord, d'observer, là encore, une règle « prudentielle » : « Il me paraît raisonnable, écrit Popper, de se préparer systématiquement à ce que le pouvoir soit exercé par le moins bon tout en s'efforçant de le confier au meilleur ». S'il est une « fin » qu'il est légitime d'assigner aux institutions politiques « c'est bien d'empêcher des dirigeants mauvais ou incompétents de causer trop de dommages »[1].

• Il importe, surtout, d'échapper au paradoxe de la souveraineté en accordant la primauté à la question de la limitation pratique du pouvoir d'Etat. Popper ne ménage pas, là encore, l'essentialisme platonicien : « J'estime, écrit-il, qu'en posant le problème sous la forme — « Qui doit gouverner » — Platon a créé une confusion durable dans le domaine de la philosophie politique. » La multiplication des freins devient ainsi le moyen le plus efficace d'empêcher ou tout du moins d'amortir la concentration excessive de l'autorité : « Il faut chercher à établir un contrôle institutionnel des dirigeants en contrebalançant leurs pouvoirs par d'autres, cette théorie des contrôles et de l'équilibre mérite en tout cas un examen sérieux. »[2] En se ralliant à la pratique anglo-saxonne des *checks and balances*, Popper n'inaugure pas à proprement parler une conception originale du pouvoir, et Jean Largeault abuse de l'hyperbole lorsqu'il voit dans Popper « le Montesquieu du XXe siècle ». Il n'en reste pas moins logique avec

1. *La société ouverte*, p. 105.
2. *Ibid.*, p. 105.

son appréhension « négative » de l'ordre politique : dès l'instant, en effet, où il retient comme hypothèse dominante la détention du pouvoir par des individus peu vertueux ou médiocrement compétents, il est normal que la question de la surveillance des gouvernants, y compris à travers des facultés d'empêchement, devienne prioritaire.

On peut légitimement s'inquiéter des insuffisances et des approximations de cette interprétation singulière de la philosophie libérale. D'aucuns s'alarmeront d'une classification réductrice qui concentre le feu sur les seuls ordres « libéraux » et « totalitaires » mais « oublie » toute cette myriade de « régimes mixtes » qui, sans devoir au libéralisme, ne s'apparentent pourtant pas au totalitarisme. D'autres ironiseront sur la naïveté d'une doctrine qui croit à la fécondité des « convergences négatives » alors que le champ politique reste traversé par des logiques d'exclusion qui s'opposent par nature à des démarches partagées. Beaucoup, enfin, déploreront l'abîme qui sépare la « technologie fragmentaire » des immenses défis que posent aujourd'hui à l'humanité la plaie du sous-développement, la sophistication des armements nucléaires ou encore les incertitudes de la génétique. On ne peut trop exiger, cependant, d'une œuvre dont la partie explicitement politique se résume à un ouvrage écrit en 1942 et procède davantage d'une « inférence » à partir des logiques propres à la science que d'une construction persévérante de l'objet libéral. Il reste, pourtant, cette idée essentielle. Dès l'instant où la démocratie libérale est traitée moins comme un idéal abstrait que comme une procédure concrète, elle demeure le seul cadre institutionnel permettant à un système social d'évoluer et de se renouveler sans avoir à se justifier en permanence au regard d'un quelconque présupposé idéologique. Sauf à considérer la liberté de pensée et de critique comme un « présupposé » discutable et négociable. Mais, pour Sir Karl, « la liberté de penser et celle d'échanger librement des idées représentent des valeurs ultimes du libéralisme dont il n'est pas réellement nécessaire de produire les justifications ».

CONCLUSION

On ne peut manquer de souligner, tout d'abord, à la suite de Christian Schmidt, « le mélange étrange de modestie méticuleuse et d'ambition prodigieuse » qui sourd de l'œuvre de Karl Popper. Humilité assumée d'une « quête inachevée » qui nous alerte avec insistance sur l'ampleur de notre ignorance et la fragilité de nos conjectures. Ambition voilée d'une démarche qui réussit à agréger dans un « système » cohérent des éléments hétérogènes empruntés à l'épistémologie et à la philosophie, mais aussi à la métaphysique, à la sociologie, à la biologie et à la physique. A tel point que D. Lecourt n'hésite pas à voir dans ce qu'il nomme « le système poppérien » une « relève » intellectuelle plausible à l'heure où semblent s'affaisser les grandes cosmogonies traditionnelles.

Paradoxe, en second lieu, d'une pensée complexe et mouvante où s'entrecroisent constamment la raison et la passion. D'un côté, une philosophie qui porte au faîte les valeurs centrales du rationalisme et qui clame sa confiance dans le double et complémentaire arbitrage de la raison et de l'expérience. De l'autre, une croyance tellement immodérée dans les vertus du criticisme qu'elle la conduit aux jugements les plus abrupts et parfois les plus expéditifs contre les hérauts supposés de la « société close ». Jamais Popper n'a pu accepter l'idée que l'hégélianisme puisse ainsi être l'objet d'un débat rationnel.

La vision indéterministe de l'univers reste, peut-être, la valeur la plus sûre et la plus prometteuse du

« système poppérien ». C'est en son nom que Popper disjoint l'activité scientifique des idéaux de certitude et invite l'homme de science à revisiter en permanence les théories apparemment les mieux assises. C'est elle qui fonde le choix en faveur de la démocratie libérale dont la supériorité tient moins à un bagage éthique particulier qu'à la reconnaissance d'un « jeu » social indéfiniment ouvert. C'est elle, enfin, qui nourrit l'humanisme poppérien dès l'instant où l'imprévisible décision humaine fournit la mesure de l'incertitude sociale.

Il serait erroné de ramener la pensée de Karl Popper à l'air du temps. Il serait tout aussi dérisoire d'en faire un système complet et unifié de connaissance. Au-delà de ses insuffisances et de ses manques, elle demeure une invite décapante à la réflexion et à la critique. On ne peut traiter par l'indifférence ou la condescendance la démarche intellectuelle d'un homme qui rêve sans doute secrètement d'être à la « société ouverte » ce que Platon a été à la « société close ».

BIBLIOGRAPHIE

I. Ouvrages et articles de K. Popper traduits en français :

La logique de la découverte scientifique, Payot, 1973.
Misère de l'historicisme, rééd. Plon, 1988.
La société ouverte et ses ennemis, Seuil, 1979.
Conjectures et réfutations, Payot, 1986.
La connaissance objective, Complexe, 1978.
L'univers irrésolu, plaidoyer pour l'indéterminisme, Payot, 1986.
La quête inachevée, autobiographie, Calmann-Lévy, 1981.
Raison ou révolution, Archives européennes de sociologie, 1970.
La rationalité et le statut du principe de rationalité, *in* « Fondements philosophiques des systèmes économiques », Claasen, 1967.

II. Ouvrages et articles consacrés à K. Popper :

M. H. Bernard-Bouchet, *Le libéralisme scientifique de Karl Popper*, « Annales de la Faculté de Droit de Toulouse », 1983.
R. Bouveresse, *Karl Popper*, Vrin, 1981.
A. Boyer, *K. R. Popper : une épistémologie laïque*, Presses de l'ENS, 1978.
A. Boyer, *Libéralisme, démocratie et rationalité*, *in* Ethique et philosophie politique, Ed. Jacob, 1988.
E. Fleischmann, *Poppérisme et sciences sociales*, « Archives européennes de Sociologie », 1976.
J. Ladrière, *Déterminisme et liberté, nouvelle position d'un ancien problème, le modèle de Popper*, Revue philosophique de Louvain, 1971.
J. Largeault, *Enigmes et controverses*, Aubier, 1980.
D. Lecourt, *L'ordre et les jeux*, Grasset, 1981.
B. Maggee, *Popper*, Fontana, 1973.
J. F. Malherbe, *La philosophie de Karl Popper et le positivisme logique*, PUF, 1977.
G. Radnitsky, *Entre Wittgenstein et Popper*, Vrin, 1988.
P. Schilpp, *The Philosophy of Karl Popper*, 2 vol., 1974.
De Vienne à Francfort, Popper, Adorno et la querelle allemande des sciences sociales, Complexe, 1979.
La pensée de Karl Popper et la science économique, « Economies et Sociétés », 1987.
Karl Popper et la science d'aujourd'hui, Colloque de Cerisy, Ed. Aubier, 1989.

Addendum

Le journal *The Economist* a accueilli dans ses colonnes le 23-4-1988 une longue étude de Sir Karl précédée de l'intitulé suivant : « Popper on democracy, The Open Society and its enemies revisited ». Dans cet article, Sir Karl s'attache à préciser mais aussi à actualiser les problématiques énoncées naguère en 1942. Au cours d'un entretien qu'il m'a accordé en juillet 1989 dans sa demeure de Kenley au sud de Londres, il est longuement revenu, là encore, sur l'évolution de sa pensée à l'endroit de la démocratie :

- Il réaffirme, tout d'abord, son hostilité principielle à l'égard de la conception usuelle de la démocratie. Celle-ci n'est pas un idéal exprimant et fondant la souveraineté du peuple. Elle est avant tout une méthode permettant d'éviter la tyrannie et de révoquer les mauvais dirigeants.
- Il examine ensuite les modes de scrutin. Il voit dans la représentation proportionnelle le corrélat naturel de la souveraineté du peuple. Ses conséquences lui paraissent « détestables ». Elle avantage les oligarchies partisanes. Elle fait de l'élu l'otage du parti. Surtout, en multipliant les partis, elle favorise les combinaisons et les majorités de compromis et obscurcit par là même le « problème décisif de la destitution électorale d'un gouvernement ».
- Enfin, Sir Karl estime que seul le *two-party system* associé au scrutin majoritaire est logiquement et politiquement satisfaisant. Il permet de constituer des majorités claires et homogènes. L'élection devient *the day of Judgment* où la majorité est jugée par le peuple et éventuellement congédiée. Surtout, cette menace permet de stimuler un réel processus d'autocritique en incitant les partis défaits à réfléchir aux raisons de leur insuccès et à modifier leur démarche.

Au fond, pour Popper, le scrutin majoritaire est, contrairement aux idées reçues, le meilleur moyen d'organiser dans l'ordre et la clarté la déstabilisation de dirigeants mauvais ou incompétents.

TABLE DES MATIÈRES

TROISIÈME PARTIE

LA JUSTIFICATION PROCÉDURALE DE LA DÉMOCRATIE LIBÉRALE

Imprimé en France
Imprimerie des Presses Universitaires de France
73, avenue Ronsard, 41100 Vendôme
Janvier 1991 — N° 35 875